푸른 몽골을 꿈꾸며

다그닥 다그닥,
몽골을 거닐다

Dreaming of Green Mongolia
Dageudak Dageudak, Strolling through Mongolia

목차
CONTENTS

✦✦✦✦ Acknowledgments ✦✦✦✦

When I hear the chirping of the birds in high up in the air, in no time I dream of green Mongolia. Two years have passed since I first set my foot on Mongolia's land. When I returned from Mongolia, even when I returned from the second volunteer activity, I never imagined I would be writing about environment of Mongolia.

On the first day, when I looked down at Ulaanbaatar from the Zaisan observatory, a lot of things pounded my mind. The smog forming a loop, unexpected tall buildings, Toll−river flowing across the city, and the shanty town up to the mountain peak. In fact, I did not even imagine that this shanty town would keep circling in my head by this time. Even though it was densely packed in the entire side of the mountain, it was rather unnoticed and did not evoke any particular sensation. It may be due to familiarity from encountering through broadcasting and internet, or thought that there are much more living in poorer environment. Strangely enough, however, the memory of shanty town got more and more lucid as the time passed by. While volunteering in the afforestation site, enjoying the delicious dinner, feeling the beauty of wonderful nature and night sky at the national park, and simply walking around Mongolia, it sometimes suddenly started to be painted in my mind. Spending few days like this, shanty town was the representative image of Mongolia at the time of return to Korea.

This does not mean that it was not after the first trip I started paying attention to urban poverty problem. I might have made up something splendid by now if I have been clinging of that matter from then. It was just that shanty

◟◞◟◞◟◞ 감사의 말 ◟◞◟◞◟◞

높은 하늘 산속의 새들이 지저귀는 소리를 들으며 어느새 나는 푸른 몽골을 꿈꾼다. 몽골 땅을 처음 밟은 지 어느덧 2년이라는 시간이 흘렀다. 몽골에서 돌아왔을 때만 해도, 아니 두 번째 봉사활동을 마치고 돌아올 때 만 해도 몽골의 환경에 대해 글을 쓰리라는 것은 생각지도 못했던 일이다.

첫 날, 자이승 전망대에서 울란바토르를 내려다 보았을 때, 많은 것들이 나의 가슴을 두드리며 다가왔다. 고리를 만들고 있는 스모그, 생각과 달리 높이 들어선 건물들, 그 사이로 흐르고 있던 톨강, 그리고 산꼭대기까지 들어선 판자촌, 이때까지만 해도 판자촌이 나의 머릿속에서 맴돌 거라고는 예상하지 못했다. 판자촌이 산 꼭대기까지 한 쪽 면을 빼곡하게 채우고 있었지만, 처음에는 눈에 띄지도 별다른 느낌을 불러오지도 않았다. 평소 방송이나 인터넷을 통해서 볼 수 있었던 익숙함 때문이기도 했고, 이보다 열악한 환경에서 살아가는 사람들도 많을 것이라는 생각 때문이기도 했다. 그런데 이상하게도 시간이 지날수록 내 기억 속의 판자촌은 더욱 생생해졌다. 조림 사업장에서 봉사활동 중에, 둘러 앉아 맛있는 저녁을 즐길 때, 국립공원에서 멋진 자연과 밤하늘을 구경할 때, 몽골의 이곳 저곳을 둘러 볼 때, 불쑥 판자촌의 모습이 떠오르곤 했다. 이렇게 며칠을 보내고 나니 한국에 돌아 올 때쯤에는 이미 몽골을 대표하는 이미지로 뇌리에 박혀 있었다.

그렇다고 해서 몽골에서 돌아왔을 때 바로 도시 빈민 문제에 관심을 갖게 된 것은 아니다. 그때부터 이 문제에 매달렸다면 아마 지금쯤은 근사한 무언가 하나 만들어 내지 않았을까 하는 생각도 해본다. 이번 방문은 단지 나의 기억 저편 어딘가에 판자촌의 모습만이 남게 되었을 뿐이었다.

town started to linger somewhere beyond my recollection. As I earned the sense that environmental problem is ours, not theirs, the gain through this experience was comparably huge. Although it was not my problem and still a close yet so far matter for future me to deal with. Despite all this, the interest toward environment began to grow after this first experience. Anyway, I was 'experienced' now.

A year has passed and Mongolia's environmental problems were brought up again. Lead by the main problem desertification along with the most remember-able urban poverty, and another serious problem air pollution. After spending time paying attention to Mongolia, I wanted to share what I saw and felt in Mongolia with greater number of people. Thus, I tried my best to convey the real Mongolia the people were living under, and to convey the vivid images of Mongolia difficult to learn without visiting. As it was for me, I wished people who view environmental problem as theirs or ours would start to see is as mine. Above all, I hope everyone's attention and loving care reach to the shanty town and provide warmth to people living there.

Meanwhile, I'd like to express my gratitude to parents supporting and showing trust in our challenge as an incomplete high school students, 'Dream School' program under Gyeong-gi ministry of Education which provided the opportunity and courage to make an attempt, teacher Kim MinKyung led 'Farminnovation' from the start, teacher Cho HyeJin of Green Asia Networ, who was not sparing help since the visit to Mongolia, and to director of Cultural Herigate Research Institutie Lee ChangSuk, Editor-in-chief Park KwangHyeong, who changed unskilled piece of writing to a complete book. Writing started with courage of facing the advices and criticisms that will follow this sloppy and incomplete piece. Especially when translating into English was suggested unlike the plan, I was worried more than excited. It was concern that

하지만 이번 경험으로 환경은 더 이상 남의 문제가 아닌 우리의 문제라는 의식까지는 얻게 되었으니 수확은 꽤 큰 편이다. 비록 아직까지도 나의 문제라기보다는, 가깝지만 먼 문제이고, 미래의 일이었지만 말이다. 하지만 신기하게도 한 번 관심을 갖기 시작하니 마치 꿈지기가 된 것처럼 환경에 대한 관심은 가슴속에서 꿈틀거리며 더욱 커져만 갔다. 어쨌거나 나는 '경험자'이었으니 말이다.

이렇게 일 년이 지나고 몽골의 환경 문제를 다시 꺼내 놓았다. 가장 주요한 사막화를 필두로, 기억 속의 도시 빈민, 그리고 또 하나의 심각한 문제인 대기 오염까지. 몽골에 대해 관심을 가지고 시간을 보내고 나니 몽골에서 보고 느꼈던 이야기를 더 많은 사람과 나누고 싶다는 생각이 들었다. 그래서 몽골 사람들이 살아가고 있는 몽골의 모습을 전하기 위해서, 방문 없이는 알기 어려운 몽골의 생생한 모습을 담기 위해서 많은 노력을 했다. 이 글을 통해서 내가 그랬던 것처럼 환경은 남의 문제, 혹은 우리의 문제라고 생각하는 사람들이 조금은 나의 문제라고 생각하기를 바라는 마음이다. 그리고 모두의 관심이, 애정 어린 손길이 모여 판자촌 사람들에게까지 따뜻함이 전해질 수 있었으면 좋겠다.

그동안 고등학생인 우리의 도전을 묵묵하게 응원해주고 믿어준 부모님, 기회를 주고 용기를 준 경기도 교육청의 꿈의 학교 프로그램, 팜이노베이션을 처음부터 지도해 주시며 함께한 김민경 선생님, 몽골 방문부터 집필 과정까지 도움을 아끼지 않았던 푸른아시아 조혜진 선생님, 그리고 너무 부족한 글을 책으로 만들어준 문화살림연구원 이창숙 원장님, 박관형 편집장님에게 이 글을 통해 감사의 말씀을 올리고 싶다. 모든 것이 엉성하고 글쓰기도 부족하여 드러날 많은 지적들을 안고 용기 있게 책을 쓰게 되었다. 특히 처음 계획과는 달리 영문 번역을 제안 받았을 때는 약간의 설렘과 무거운 마음도 있었다. 부족한 실력 때문에 말하고자 하는 바가 전달이 안되면 어쩌지 하는 걱정이었다. 하지만 무사히 마칠 수 있었다. 이 모든 것에 고마울 뿐이다. 무엇보다도 우리의 관심과 글을 읽어

lack of skill will disturb the original meaning. Fortunately, it was completed all right. I just feel thankful to everything. Above all, with tension and fluttering, I also want to express gratitude to every reader of our story.

Finally, I want to thank the founder of Farm Innovation Han Soo Young, every other member who worked together, and to Chanjin, Eunseo, and Jia who went through this hard work with me, exploring about desertification, urban poverty, and air pollution with passion, inspired by my experience at Mongolia.

_Choi SeeWon

줄 독자 분들에게도 부끄럽지만 질책을 기다리며 감사의 말씀을 전하고 싶다.

끝으로 팜이노베이션을 처음 시작했던 한수영 선배와 같이 활동을 했던 모든 멤버들, 이번에 몽골에서의 나의 경험을 듣고 함께 사막화, 도시 빈민, 대기오염에 대해 열의를 가지고 탐구하면서 이번 도전을 함께 해준 찬진이, 은서, 지아에게 누구보다 고맙고 수고했다고 이야기 하고 싶다.

_**최시원**

chapter0

새응배노,
몽골

Сайн байна уу, Mongolia

The first morning of the journey to Mongolia has come. Even though it was not smooth from the start, having trouble reaching the gathering place, the day began with excitement than worries and concerns as this was the earnest start of the 'Farm Innovation'. This name, as a combination of 'Farm' and 'Innovation' was a suitable name implying our aim to lend hand to the desertification of Mongolia by installing hydroponics.

Although we gathered together with same aim, each of us had different ideas and different goals. Except for the fact that we are interested in the environmental problems, there was no other common denominator that we shared, even the sex or the age. Still we could notice that we were sharing the same feeling at this moment, we were all feeling strange. Each other was, and Mongolia, which we will soon meet, was yet awkward.

Fortunately, teacher helped us break the ice while waiting for the flight. Based on the several visits to Mongolia and knowledge about the environmental issues, she provided tips for a more satisfactory trip.

We were able to learn of some unique etiquette to follow. For example, when visiting the homes of Mongolian nomads, one should not refuse tea or koumiss served, should not place the dishes on the floor and should put some milk on your forehead with right thumb when accidently spilled. She also warned us to watch out for cell phone, wallet, etc. as the pickpockets on foreign tourists are increasing recently. Furthermore, as some tourist spots are prohibited from taking photos and as some Mongolians feel uncomfortable being taken photos, one should always be careful.

Considering that Mongolia is no more than plains and Genghis Khan to Koreans, which was not exceptional to us, it was surprising that Mongolia is situated in a distance three hours away by the flight. Not a mere journey, but rather a new challenge in a strange country, we spent the flight time reading

몽골로 향하는 여정의 첫 날이 밝아왔다. 모임 장소를 찾아가는 것부터가 순탄하지 않았지만, 팜이노베이션 활동이 본격적으로 시작하는 날인만큼 걱정이나 우려보다는 설렘이 가득했다. '팜이노베이션'이라는 이름은 농사를 뜻하는 Farm과 혁신을 뜻하는 Innovation의 합성어로 몽골의 사막화 문제에 도움이 되고자 직접 만든 수경 재배기를 설치하기 위해 몽골로 향하는 우리의 활동을 함축한 이름이었다.

같은 활동을 하기 위해서 모인 우리였지만, 모두가 조금씩 다른 생각, 다른 목적을 가지고 있었다. 그런 만큼 환경이라는 문제에 관심을 가지고 있다는 것 외에는 성별도 나이도 모두 다른 우리가 공유하는 공통점은 그렇게 많지 않아 보였다. 한 가지 확실한 공통점이 있다면, 우리 모두 낯섦을 느끼고 있다는 점이었다. 아직은 서로에게 서로가, 그리고 이제 곧 만나게 될 몽골이 어색했다.

다행히 인솔자 선생님께서 비행기 탑승을 기다리는 동안 어색한 분위기를 많이 풀어 주셨다. 몽골도 여러 번 방문하시고 환경 문제에 관해서도 전문가이신 선생님이 몽골 관광을 갔을 때의 팁들을 알려줬다.

몽골 유목민의 가정에 방문할 때는 차나 마유주 등을 대접받았을 경우 이를 거절해서는 안되며 그 그릇을 바닥에 내려 놓아서도 안되며 실수로 바닥에 쏟으면 오른 쪽 엄지 손가락에 쏟은 우유를 조금 발라 본인의 이마에 발라야 한다는 독특한 예절이 있다는 것도 들을 수 있었다. 또, 관광지에서는 외국인 관광객을 상대로 한 소매치기가 늘고 잇는 추세임으로 지갑, 휴대폰 등을 조심해야 한다고 일러주셨다. 몽골의 여러 관광지 중에는 사진 촬영이 금지된 곳들도 있고, 몽골인들 중에서도 사진 촬영에 불편함을 느끼는 경우가 있어 매우 주의해야 하는 것도 알게 되었다.

아직까지 한국 사람에게 몽골이라는 나라는 초원이나 칭기즈칸 외에는 여러모로 낯선 곳인데, 비행기로 고작 세 시간 떨어진 거리에 위치하고 있다는 사실은 놀라웠다. 단순한 여행이 아닌 낯선 나라에서의 새로운 도전인 만큼, 길지 않은 비행 시간은 몽골에 관한 정보를 읽으며 보내기로 했

information about Mongolia. This was the same contents I read with curiosity before when heading to Mongolia was decided. However, as expected, it gave quite different feelings to read once again in the plane, actually heading to Mongolia.

The official language of Mongolia is Mongolian and Cyrillic characters. The capital, Ulaanbaatar, means 'red hero', and half of the population among the total three million lives here. While various languages are spoken and various religions are believed among diverse ethnic groups, Harlah ethic group attain 90 percent and Ramaran Buddism attain over 80 percent of the population. The currency is called Tugrick and 1000 Tugrick has value of about $0.41 (2017).

The Mongols are traditional nomadic tribe, and considers horse, sheep, goat, cow, and camel as main five livestock. The total number of livestock is six million, which is twice as large number of human population. This is a very large livestock population, but in fact, minor upper class owns the most of these livestock and the rest majority raises just enough to feed the members of family.

Mongolia borders Russia to the north and China to the south. The entire land area is about 7.5 times the size of Korean peninsula. Among them, deserts accounts for 40%, and mountains, jungles, and plains fill up the remaining. Mongolia has overall dry microthermal climate which is a typical continental climate with long and cold winter and short summer. From October to April, the winter for Mongolia, the temperature drops down to 45 degrees below zero, and the temperature rises up to 38 degrees in the summer. However, the sensible temperature is comparably low due to the low humidity level. Therefore, sunglasses and sun block along with long sleeves are all essential for visit during summer. It is considered to be best to travel between June and August

다. 처음 몽골 행을 결정했을 때 호기심에 읽어 보았었던 내용이었지만, 예상대로 몽골로 가는 비행기 안에서 다시 한 번 읽는 느낌은 그때와는 확연히 달랐다.

몽골의 공용어는 몽골어, 문자는 키릴문자이다. 수도인 울란바토르는 '붉은 영웅'이라는 뜻을 가지고 있으며, 전체 인구인 300만명 중 절반 정도가 이곳에 거주한다. 다양한 민족이 모여 살기에 언어도, 종교도 다양하지만, 할흐 몽골족이 90%, 라마불교가 80% 이상을 이룬다고 한다. 몽골의 화폐는 투그릭이라고 불리며, 한화 1000원이 약 2200투그릭 (2017년 기준)과 동일한 가치를 갖는다고 한다.

몽골인은 전통적인 유목 민족으로 말, 양, 염소, 소, 낙타가 5대 가축으로 불린다. 가축의 수는 전체 인구의 두 배 정도인 600만 마리나 된다. 굉장히 큰 숫자이지만 실제로는 상위 층 소수의 사람들이 가축의 대부분을 소유하고 있고, 대다수의 가정에서는 4인 가족이 먹고 살 정도의 가축만 키우는 구조이다.

북쪽으로는 러시아, 남쪽으로는 중국와 접하고 있으며 전체 면적은 한반도의 7.5배 정도이다. 이 중 사막이 약 40%를 차지하고, 산, 밀림, 평원 등 다양한 지형이 공존하고 있다. 건성 냉대 기후로 전형적인 대륙성 기후를 보이며 길고 추운 겨울과 짧은 여름을 갖는다. 몽골의 겨울인 10월초부터 4월말까지는 영하 45도까지 내려가고, 여름에는 높으면 38도까지 오르지만, 습도가 높지 않아 체감 온도는 낮은 편이라고 한다. 그렇기 때문에 여름에 몽골을 방문하기 위해서는 긴 옷들과 함께 선글라스와 자외선 피부 보호 크림 모두 필수이다. 빠르면 8월 말부터 시작해 늦으면 5월까지 눈이 내리기도 하기 때문에 몽골 관광은 6월에서 8월 사이에 하는 것이 가장 좋다고 한다.

겨울에는 기온이 너무 낮은 혹독한 추위가 이어지는 만큼 '조드'라고 불리는 대재앙이 발생하는 시기이기도 하다. 조드는 몽골어로 '혹독한 겨울'이라는 뜻으로 추운 겨울로 인해 수 많은 가축들이 죽는 현상을 이르는 말

because it starts to snow as early of the end of the August all the way until May.

Winter, a period of long-lasting severe cold temperature, is also the period which catastrophic disaster called 'Dzud' occurs. This term 'dzud' means 'harsh winter' in Mongolia, referring to the incident which large number of livestock gets killed sue to the cold weather. When the dzud arrives, the temperature falls down to fifty degrees below zero and thus the livestock not only starve to death but also freeze to death. The damage from this disaster is beyond imagination as livestock farming takes up large portion of economy and the lives of nomadic people.

Dzud can by split in to two types. The 'white dzud' is when the snow piles up so much that the dry grass is not even accessible and thus starve to death. On the other hand, it is called 'black dzud' when in addition to cold weather there is no snow and thus livestock dies of drought.

In recent years, it had suffered the greatest loss in 2010, losing more than 2,100,000 livestock. There were even cases when 240 out of total 300 sheep froze to death in one particular household. This causes the nomadic population to increase the number of livestock with intention to secure as much as possible when the weather is warm. However, as the amount of the grass consumed also increases, this contributes to accelerating desertification.

이다. 조드가 오면 몽골의 기온이 영하 50도까지 떨어지는 탓에 가축들이 굶주려서 죽을 뿐 아니라 얼어서 죽기도 한다고 한다. 특히 몽골 경제에서, 그리고 유목민들의 삶에서 목축이 차지하는 비율이 큰 만큼 조드의 피해는 상상 이상이다.

조드에는 눈이 너무 많이 쌓여서 가축들이 마른 풀 조차 뜯어 먹기 못해 굶어 죽는 하얀 조드와 추운 날씨와 더불어 눈이 오지 않아 가뭄으로 죽는 검은 조드로 나눌 수 있다.

최근 들어 2010년에 최대 피해를 입었는데, 2,100,000마리 이상의 가축을 잃었다고 한다. 한 가정에서 300마리의 양들 중 240 마리가 한꺼번에 동사하는 경우도 발생할 정도였다고 한다. 그렇기 때문에 유목민들의 입장에서는 날씨가 따뜻할 때라도 많은 가축을 확보해야겠다는 생각에 가축 수를 늘리게 되고, 이들이 뜯어 먹는 풀의 양 역시 함께 늘어나기 때문에 사막화를 가속화시키는 원인이 되기도 한다.

Image of Mongolia. this is the most common image seen away from the capital. Image of blue sky and vast expanse of grassland.

몽골의 모습. 수도를 벗어나면 가장 흔하게 만날 수 있는 몽골의 모습이다. 푸른 하늘과 넓게 펼쳐진 초원의 모습.

chapter1

내딛다,
우리들의 첫 걸음

Taking first step forward

It was a first morning at Mongolia. Because we arrived at Genghis Khan International Airport late last night, it seemed unreal that we are at Mongolia. With unfamiliar place, people, and food, first day in Mongolia have started in earnest.

The biggest purpose of our visit to Mongolia was to help the desertification prevention project. However, before the efforts, we thought that it will be much meaningful to see and feel Mongolia's desertification, we chose Zaisan Memorial as our first destination.

The official name of Zaisan Memorial is 'Zaisan Victory Monument' and it was built by Russia to honor the unknown heroes. It was erected in 1971, when was the 50th anniversary of Mongolia's independence, to commemorate the victory of the Second World War. It is well known for its panoramic view of Ulaanbaatar and landscapes.

Image of Zaisan Memorial. the scene of war is drawn around.　　자이승 전망대의 모습. 이렇게 전쟁의 모습이 둥 그렇게 그려져 있다.

몽골에서 맞이하는 첫 번째 아침이었다. 어젯밤 늦게 칭기즈칸 공항에 도착해 곧장 숙소로 와 잠을 청한 탓에 우리가 몽골에 있다는 것이 아직은 실감이 나지 않았다. 낯선 곳, 낯선 사람들, 낯선 음식과 함께, 본격적으로 몽골에서의 첫 날이 시작되었다.

우리의 몽골 방문의 가장 큰 목적은 사막화 방지 사업에 조금이나마 도움이 되고자 하는 것이었다. 그러나 이를 위한 노력에 앞서 몽골을, 그리고 몽골의 사막화를 눈으로 보고, 피부로 느끼는 것이 훨씬 의미 있다는 생각에 첫 목적지로 자이승 전망대를 택하게 되었다.

자이승 전망대의 정식 명칭은 '자이승 승전 기념탑'으로, 무명용사와 영웅을 기념하기 위해 러시아가 지은 전망대이다. 몽골이 참전했던 제2차 세계대전의 승리를 기념하기 위해 몽골 독립 50주년이 되던 1971년에 세워졌으며, 울란바토르 시내 전경과 톨강 주변의 자연 경관을 한눈에 볼 수 있는 곳으로 유명하다고 한다.

The view of Ulaanbaatar seen from Zaisan memorial. various landscapes of Ulaanbaatar –river, apartment, ger–comes in one sight.

자이승 전망대에서 내려다 본 울란바토르의 모습. 강, 아파트, 게르 등 울란바토르의 다양한 풍경을 한 눈에 담을 수 있었다.

After going up the considerable number of stairs without break, we were able to arrive at the observatory. Looking down with the deep breath, the spectacular view of Ulaanbaatar was shown. Different from the picture of Mongolia that we have imagined, there were skyscrapers and factories as tall as Korea. In total, it was a basin surrounded by mountains, and we could see shanty village covering the whole mountain. With the luxurious apartment buildings along the riverside, shanty village made us to predict the wide gap between the rich and the poor.

When we were looking the Ulaanbaatar's view all around, teacher called us. Teacher told us to look at the view wearing the sunglasses, but we felt a bit confused because of the cloudy weather. However, when we saw the view wearing sunglasses, we were able to understand the purpose. The reason was we could see the sharp ribbon above the factory. With our bare eyes, it was hard to see, but with sunglasses, it was clear like a line dividing sky and ground. Teacher explained to us that it was formed by the exhaust gas from ger when they heat their houses with trash and smoke from the factories.

At the observatory, it was our first time to see Mongolia by Mongolia's view. Not by book or letters, it was a real Mongolia.

The first place we faced was ger village. After nomadic people give up their original life pattern because of the climate change, they tried to find a way to survive, and the answer for that try was 'ger village.' Looking into the village, the village was filled up with uncountable number of ger, and black smoke blazed up into the sky. Most of households weren't able to buy coal and wood for fuel, so they used trash for it. Therefore, we could see the strap of smoke over the factories. Residents were breathing the fumes made by the rubber tires and trashes, but it isn't easy to solve these problems.

Second place was Tuul River. Tuul River is the closest river by Zaisan

상당한 수의 계단을 쉬지 않고 올라서야 전망대에 도착할 수 있었다. 숨을 고르면서 아래를 내려다 보자 탁 트인 울란바토르의 풍경이 눈에 시야를 가득 채웠다. 이곳으로 오는 비행기에 몸을 싣기 전 머릿속에 그려오던 몽골과는 다르게, 한국 못지 않은 고층 건물들과 공장들이 눈에 띄었다. 전체적으로는 산에 둘러싸인 분지의 형태를 하고 있었는데, 멀리에서도 그 산을 빼곡하게 채우고 있는 판자촌을 볼 수 있었다. 강을 따라 즐비한 고급 아파트들과 공존하는 판자촌의 모습은 이곳 사람들 사이의 빈부 격차를 감히 예상할 수 있게 해줬다.

전망대를 한 바퀴 돌아보며 울란바토르의 모습을 눈에 담고 있던 우리를 선생님이 불러 모으셨다. 날씨가 흐릿했던 탓에 선글라스를 쓰고 구경해 보라는 말에 의구심을 가지고 준비물이었던 선글라스를 꺼내 썼다. 선글라스 너머로 주위를 둘러보자 선생님의 의도를 단번에 이해할 수 있었다. 공장 단지 위에서 선명한 띠를 발견할 수 있었기 때문이다. 육안으로 볼 때는 잘 보이지 않았던 띠가 마치 하늘과 땅을 나누는 경계처럼 뚜렷했다. 게르촌에서 난방을 위해 태우는 쓰레기로부터 생성되는 매연과 화력 발전소에서 나오는 연기가 섞여 만들어진 것이라는 설명을 들을 수 있었다.

이 곳에서 우리는 처음으로 몽골의 시선으로 몽골을 보기 시작했다. 책으로, 글로 접한 몽골이 아니라 사람들이 살고 있는 몽골 말이다.

처음 마주한 것은 게르촌이었다. 이곳 게르촌은 유목 생활을 하던 사람들이 기후 변화로 인해서 가축을 잃고 유목을 포기하게 된 후, 살 길을 찾아 도시로 모이면서 형성된 거주 지역이다. 멀리서 게르촌을 들여다 보니 수많은 게르들이 옹기종기 모여있었고, 검은 매연이 매캐하게 하늘로 피어 오르고 있었다. 이곳에 있는 대부분의 가정은 석탄이나 나무와 같은 땔감을 따로 구입할 경제적인 여력이 없어, 쓰레기를 태워 난방 연료로 대신 쓸 수 밖에 없다고 한다. 그래서인지 이 주변에서도 공장 위에서 발견할 수 있는 매연의 띠를 확인할 수 있었다. 주민들은 고무 타이어 등을 태우며 발생

Memorial. It passes through Ulaanbaatar, arrives at Lake Baikal. These days, there is conflict about right over this river between China and Russia. There are fancy apartments near the river side, ironically all of which are illegally built. Since Tuul River is designated as an international stream, there is no provision for any accommodation within 200 meters and housing facilities within 2 kilometers. Nevertheless, a row of apartments near the river has been formed because the winds are built around the river, so there is less effect of air pollution and rich people prefer to live there. Against that demand, government and wealthy people have been illegally building up the buildings near the river, and this irregularity is still going on these days.

After learning new things about Mongolia, we headed to Lee Tae Joon Memorial Park after visiting observation platform. It was a place where we really wanted to go. He came to Mongolia at 1914, built up a hospital named 'Dong-ui.' He focused on Mongolia's venereal disease cure and at the same time he tried his best on Korea's independence. At that time, his hospital was a fund circulation course and also a place for the independence fighters to take a break. His contribution was recognized and he received a best medal that foreigner could ever get in 1919. Adding to that, at 2001, memorial park was founded by Mongolian association of Korean residents, in front of Bogd Mountain. It was a bit small and empty even though it was called as park, however, it was a pleasant and proud thing to see Koreans who were remembered and respected in different countries.

The most noticeable thing in the park was a black stone monument located in one corner. In the middle of the monument, we could notice that someone artificially erased the part related to death of Lee Tae Joon. He was killed when he was 38 by Russian white forces who kept close with Japan in February 1921. Because of Mongolia's socialist policy, Mongolians were very friendly

하는 매연과 유독가스를 마시면서 살고 있지만, 이러한 문제를 해결하기가 쉽지 않다고 한다.

두 번째는 톨강이었다. 톨강은 자이승 전망대에서 내려다 보면 가장 가까이에서 흐르고 있는 강이다. 울란바토르를 통과하여 바이칼 호수까지 흘러가며, 현재 중국과 러시아 사이에서 이 강에 대한 권리를 주장하는 분쟁이 있다고 한다. 강 주변에는 고급 아파트들이 늘어서 있는데, 사실은 모두 불법으로 세워진 건물들이다. 톨강은 국제 하천으로 등록되어 있기 때문에 보호 구역으로 지정되어 200m 이내에는 어떤 시설도, 2km 이내에는 어떤 거주 시설도 들어설 수 없다는 규정이 있다. 그럼에도 불구하고 강 인근에 아파트가 줄줄이 늘어선 까닭은 강 주변으로 바람길이 형성되어 대기오염의 영향이 비교적 적어서 부유한 사람들은 이 주변에 사는 것을 선호하기 때문이다. 그 수요에 맞춰 정부의 고위 관료나 부유층의 사람들이 불법적인 방법으로 강 주변에 무분별하게 건물을 지어왔으며, 이러한 범법 행위는 공공연한 비밀처럼 아직도 현재 진행형이라고 한다.

몽골에 관한 새로운 사실을 알게 된 뒤, 새로운 기분으로 전망대에서 내려온 우리가 향한 곳은 이태준 기념 공원이었다. 한국인으로써 꼭 가보고 싶었던 곳이었다. 이태준 선생은 1914년 몽골에 입국하여 '동의의국'이라는 병원을 설립하여 몽골의 성병 치료에 애쓰는 동시에 대한독립을 위해 무던히 노력해온 인물이다. 당시 그의 병원은 독립운동을 위한 자금의 유통 경로이자 독립 운동가들이 이동하면서 쉬어가는 거점이 되었다고 한다. 이러한 공을 인정받아 1919년 당시 외국인이 받을 수 있는 최고의 훈장인 '에르데니 인 오치르'를 받았으며, 2001년도에 재몽골 한인회에 의해 성산인 벅드산 앞에 이렇게 기념 공원이 설립된 것이라고 한다. 공원이라는 이름이 무색하게 작고, 비어 있는 공간일지라도, 타지에서 기억되고 존경 받는 한국인의 모습을 보는 것은 기쁘고 자랑스러운 일이었다.

이 공원에서 가장 눈에 띄었던 것은 아마도 한 켠에 위치한 검정색 비석이었을 것이다. 이 비석의 중앙에는 이태준 선생의 죽음과 관련해서 누군

toward Russia. So, some of radical Russo philia didn't admit that Russia soldiers killed him. For this reasons the letters about assassination was erased.

It was a short time, but just enough to self-stimulate for the volunteer. We were now headed to the afforestation site located in Erdene. We were able to face the bare nature just by coming out from the capital a bit. It was a just like the picture we have imagined about Mongolia, with horses running around freely on the grassland. It was two hours till the destination. Some observed the landscapes, shared impression about Mongolia, and others fell asleep.

It was an early lunch time, and many people were welcoming us at the afforestation site. There were Koreans who were volunteering for months living there, and some Mongolian working in the site. We were provided with the lunch that resembled the Korean food, Kimbab. We were able to hear that even though the fried rice was originally served to the volunteers, after know-

Lee Tae Joon Memoral hall inside the park.   이태준 기념 공원 내 이태준 기념관.

가가 인위적으로 지운 듯한 부분을 발견할 수 있다. 그는 1921년 2월에 당시 일본과 긴밀한 관계를 유지하던 러시아 백군에 의하여 38살이었던 해에 피살 당했다. 몽골의 사회주의 정책의 영향으로 몽골인들이 러시아에 대해 매우 우호적이었는데, 일부 극단적인 친러 세력은 러시아군이 이태준 선생을 암살했다는 사실을 인정하지 못했다고 한다. 이런 이유로 기념비석에서 암살에 대한 내용이 적인 부분을 긁어 내어 훼손한 것이라고 한다.

잠깐이나마 울란바토르를 구경하며 저마다 의지를 다진 우리는 에르덴솜에 위치한 조림 사업장으로 향했다. 수도를 조금 벗어나니 건물 하나 없는 자연 그대로의 모습을 마주할 수 있었다. 몽골을 하면 가장 먼저 생각나는 모습, 말이 뛰노는 초원의 바로 그 모습이었다. 제대로 된 길도 없는 그곳을 약 두 시간 동안 달렸다. 주변을 두리번거리며 몽골에 대한 이야기를 나누기도 하고, 누군가는 부푼 꿈을 안고 단잠에 빠져 있기도 했다.

조금 이른 점심 시간, 조림 사업장에 도착한 우리를 많은 사람들이 환영

The image of stone monument inside the park with part about Lee Tae Joon's death erased.

이태준 기념 공원 내 비석에서 이태준 선생의 죽음의 이유가 훼손되어 있는 모습.

ing that this Mongolian food composed of rice, cucumber and ham is similar to Korean food, this menu became fixed as lunch for Korean volunteers.

Also, Suutai tea was prepared together. Although it is easy to think that meat is main food for the Mongolian due to the nomadic life, their main food is actually dairy products. They believe dairy products as best and thus consume it every day. Suutai tea is tea made up with milk and tea leaves, and it is really close to Mongolian like barley tea to Korean. In addition, they enjoy Mongolian style yogurt 'Tarak' and 'Irak' which is also called koumiss. Especially, koumiss is used for cure because it is known for detoxification. Many people who drink the first time go through diarrhea. But the point is that this doesn't matter to Mongolians as they believe this is diarrhea is natural when the body is being cleaned. The dishes had a bit strange smell and taste, and we were managing ourselves to adjust to Mongolia little by little.

After having lunch, we handled buckets in both hands, and moved to the place where we will be doing the work. It was a season to water planted saplings, so our work was to raise water form reservoir, and pour a bucket of water per hole. There were 484 saplings planted, so at first, we were freaked out. It seemed like it will take forever for six of us to water every hole with a bucket. Anyway, we started to work. It was as the concern at the first. Scooping the water from reservoir and transferring it to the buckets itself was challenging – buckets kept falling into the reservoir, and hardly pulled water was easily slipped when being transferred.

We have started unskilled, but as we give more water, it was worthy than we thought. With thoughts that trees will survive well by our touch and it will be helpful for the workers by our effort, we felt proud of our work.

Being unaware of the passage of time, working hard, already the half of work was done. Eating the snacks that we bought when we went to the mar-

해 주었다. 몇 개월째 거주하면서 자원 봉사를 하고 있는 한국인 단원 분들도 있었고, 조림 사업장에서 일하며 그곳에 거주하는 몽골 주민 분들도 있었다. 김밥이랑 비슷하게 생긴 점심 식사 역시 우리를 기다리고 있었다. 원래는 자원 봉사자들에게 볶음밥을 제공했었는데, 김과 밥, 오이와 햄으로 만든 이 음식이 한국 음식인 '김밥'과 비슷하다는 것을 알게 되고부터는 고정된 메뉴라고 한다.

물론 수태차도 몽골식 김밥과 함께 준비되어 있었다. 유목 생활을 하는 몽골인들인 만큼 주식이 육식이라고 생각하기 쉽지만, 이들의 주식은 사실 유제품이다. 유제품을 으뜸의 음식으로 여기며 매일 섭취한다고 한다. 함께 나온 수태차는 우유와 찻잎을 같이 넣고 끓인 차로 한국인들에게 보리차만큼이나 일상에서 즐겨 마시는 차라고 한다. 이 외에도 몽골식 요구르트인 타락 그리고 마유주로도 불리는 아이락 등을 즐겨 먹는다고 한다. 특히 마유주는 몸속의 나쁜 찌꺼기를 없애 준다고 하여 치료에도 사용된다고 한다. 처음 마시는 사람들 중 다수는 설사를 하게 되기도 하는데, 몽골인들의 입장에서는 장이 청소되는 것임으로 당연하게 여기는 일이다. 음식들이 모두 조금은 낯선 향과 맛이지만 맛있게 먹으며 우리는 몽골에 조금씩 적응해 나갔다.

점심을 먹고 양 손에 양동이를 하나씩 챙긴 우리는 봉사활동을 하게 될 장소로 걸어갔다. 나무를 심는 것이 아닌 심어둔 묘목에 물을 주는 시기였기 때문에, 한 쪽에 있는 저수지에서 물을 길러 한 구덩이 당 한 양동이씩의 물을 주는 것이 우리가 해야 할 일이었다. 가로 22개, 세로 22개로 도합 484개의 구덩이에 심어진 묘목을 마주한 처음에는 그저 막막했다. 저 멀리 있는 저수지에서 10L 가량의 물을 양동이에 한 가득 채워 나르는 작업을 6명이서 끝내려면 하루 종일 걸릴 것만 같았으니 말이다. 마음을 굳게 먹고 출발했는데도 불구하고 저수지에서 물을 길러 양동이로 옮겨 담는 것에서부터가 난관이었다. 물을 긷는 양동이는 걸핏하면 저수지에 빠져서 손이 닿지 않는 곳까지 떠밀려 가기 일쑤였고, 힘들게 떠올린 물은 양동이로 옮

ket, we listened to explanation about the activity we are doing and afforestation business.

Compared to the world's average rainfall which is 750mm, Mongolia's average rainfall is only 250mm. So, watering plants are very important. Mongolia government joined United Nations Convention to Combat Desertification at 1996. After joining, they began to investigate the situation of desertification and set up a nationwide effort to stop desertification. In Korea, including Korea International Cooperation Agency (KOICA), Ministry of Environment and Korea Forest service are conducting a project to prevent the desertification. Airline company 'Korean Air', through planting tree events (2004~2007), they made 'Korean Air forest' in Mongolia. Also, other NGOs such as Northeast

Image we encountered in the Erdene afforestation site. it was left for us to water these saplings for it to survive harsh condition.

기는 과정에서 자꾸만 쏟아져버렸으니 말이다.

　그렇지만 서투르게나마 작업을 시작해, 묘목 한 그루 한 그루에 물을 주다 보니 생각보다 할만한 일이었다. 우리의 손길로 묘목들이 척박한 환경을 버텨내면서 잘 자라날 것이라는 생각에, 또 우리가 흘린 땀 덕분에 여기의 직원 분들이 오늘 해야 할 일이 조금이나마 줄어든다는 생각에 고된 일임에도 자랑스럽게 할 수 있었다.

　요령이 생겨 작업을 분배하고 속도가 붙자 물을 뜨고 나르는 일은 생각보다 즐거웠고, 어느새 휴식 시간이 찾아왔다. 시간 가는 줄도 모르고 집중하다 보니 주어진 분량의 반이 끝나있었다. 오는 길에 들른 마트에서 고른 몽골의 간식거리들을 먹으면서 우리는 조림 사업 그리고 우리가 하는 중인 활동과 관련된 설명을 들을 수 있었다.

에르덴 조림 사업장에서 우리에게 주어졌던 모습. 황폐해진 땅에 심어진 묘목들이 잘 견뎌낼 수 있도록 물을 주는 것이 우리가 할 일이었다.

Asia Forest Forum and Green Asia are contributing to prevention of desertification in Mongolia.

Nevertheless, this kind of afforestation business makes the conflict with local residents about use of underground water. Also, after Korean leaves, because of financial and technical problems, there is no ongoing management. After all prepared forest turns into devastated land once again. For example, if underground water is used for plantation, it costs a lot of money for heating the water to make it to right moderate temperature. So, when the initial afforestation project is finished, because money for heating water is not supported, trees wither. Because of this problem, criticisms about ongoing economic and technical support are being raised.

It was 116ha, where we volunteered, which is a great size. We were surprised that only 30 people were caring the whole place. When they built afforestation establishment, they put fence to protect it from the animals, plant windbreaks outside and fruit trees inside. For windbreak, they plant poplar, dwarf elm, or willow which is main material for the Ger. The, they plant vitamin tree or blueberry tree types for the fruit tree. Those trees are very useful in many ways.

By afforestation business, it can protect yellow dust, desertification, and at the same time, shows effect in job creation, model of resident self−reliance. They sell the fruits of afforestation establishment trees and they use earnings for community chest.

We were overwhelmed with greater responsibility and a new mindset after learning what kind of tree that we are taking care of, and how it is used after they are grown up. After finishing the whole work, we felt tired but proud about our work. Saying good−bye, promising to meet tomorrow, we went to our lodging.

세계 평균 강수량이 750mm인데에 반해 몽골은 250mm로 매우 적기 때문에 물 주기가 상당히 중요하다. 몽골 정부는 1996년 UN 사막화 방지 협약에 가입하여 사막화 현황을 조사하고 국가적 사막화 방지노력을 시작했다. 우리나라도 한국 국제 협력단 (KOICA)을 비롯하여 환경부, 산림청 등이 몽골 사막화 방지 지원사업을 실시하고 있다. 대한항공은 2004-2007년까지 나무심기 행사를 통해 몽골 에 '대한항공 숲'을 조성하였으며 동북아산림포럼과 푸른아시아 등의 NGO 들 역시 조림사업 위주로 몽골지역 사막화 방지에 기여하고 있다.

그러나 이런 조림사업은 지하수 이용을 둘러싸고 지역주민과 마찰을 빚기도 하며, 한국인들이 떠난 뒤에는 기술적 재정적 이유로 지속적인 관리가 이루어지지 않아서 결국 조성된 숲이 말라 죽는 문제가 발생한다고 한다. 예를 들어, 조림지에 공급하는 물로 지하수가 사용될 경우, 차가운 물의 온도를 적정 수준으로 높여주어야 하는데 이를 위해서는 많은 비용이 소모되기 때문에 초창기 조림사업이 끝나고 나면 지원되지 않아 차가운 물 때문에 결국 나무가 고사하는 식이다. 이 때문에 장시적으로 지속적인 재정적, 기술적 지원에 대한 필요성에 대한 비판이 제기되고 있다. .

우리가 봉사활동 중인 에르덴 조림 사업장은 116ha (350,900평)이었는데, 관리인, 직원, 경비원을 모두 합쳐서 30명 남짓한 숫자의 사람들이 관리 중이라는 사실에 놀라지 않을 수 없었다. 조림 사업장을 만들 때에는 울타리를 쳐서 동물들이 들어오지 못하도록 막은 뒤 모래 바람을 막아줄 방풍림을 먼저 심고 그 안에 유실수를 심는 방법으로 진행한다고 한다. 방풍림으로는 포플러나 비술나무 혹은 게르의 주 재료인 버드나무를 그리고 유실수로는 비타민 나무인 차차르간 나무 혹은 블루베리류의 우후린누드를 주로 심는다. 차차르간과 우후린누드 모두 식용 외에도 약용 혹은 미용까지 다양한 쓰임을 가져 수요가 많은 열매이다.

조림 사업을 통해서 숲 조성을 통한 황사 및 사막화 방지뿐 아니라 일자리 창출과 주민 자립 모델 구축 등의 효과도 같이 보고 있다고 한다. 조림

As we moved only small distance, we saw a statue of Genghis Khan standing tall in the plains. We stopped the car to take the picture, because the statue was showing the representative of Mongolia. We could see statues everywhere in Mongolia easily. There was a place for photos which had eagles around to show that many tourist come to take pictures. It was interesting that they didn't go away even though they were free from the ropes. Because it was new experience, we paid money and tried our best to take a great picture with eagle, it wasn't easy to do. The eagle was much heavier than we thought, and it was even hard to stay still and make happy faces.

When we arrived to our lodging, Korean food was prepared for us thankfully. We were bit missing Korea, and felt hungry with hard works, without any break, we finished up the supper in a short time. After making a promise to meet later to do environment debate, we took some brake in our room.

Statue of Genghis Khan found at the roadside.   길가에서 발견한 칭기즈칸 동상의 모습.

사업장 내부의 유실수의 열매를 지역 내에서 판매하고, 그 수익금을 주민 공동기금으로 만들어 활용하면서 말이다.

우리가 어떤 나무에 물을 주고 있는지, 이 나무들이 자라서 어떻게 이곳 환경과 주민들에게 도움이 되는지를 알게 된 우리는 더 큰 책임감과 새로운 마음가짐으로 남은 작업에 임했다. 모든 작업을 마치고 보니 팔과 어깨는 아파왔지만 뿌듯함이 가득했다. 좋은 마음으로 단원들과 주민 분들과 내일 보자는 작별 인사를 나누고 우리는 숙소로 향했다.

에르덴 조림 사업장을 지나 얼마 가지 않은 지점에서 평야 사이로 우뚝 솟아오른 칭기즈칸 동상이 우리의 눈을 사로 잡았다. 몽골을 대표하는 인물인 만큼 우리는 기념 사진이라도 찍을 겸 차에서 내렸다. 여기 말고도 몽골 곳곳에 이런 동상이 세워져 있다고 한다. 관광객들이 지나가다 많이 방문하는 장소임을 보여주듯 바로 앞에서는 독수리와 함께 사진을 찍을 수 있는 공간이 마련되어 있었다. 밧줄에 묶여서 길들여져 있는 친구들이었는

Some ate ramen to fill up their stomach, and some laid their body on soft bed. Our room shared our thoughts about the first day in Mongolia and turned on the television. Strangely, on the TV, we could see familiar faces. The program was talking about Korean wave which is popular in Mongolia. We have heard about the news, but it was bit different to hear from the national programs. Also, the show which was on the TV was even not that famous program in Korea, and it made us to feel the real popularity by being broadcasted in Mongolia.

All the time, break times passes in speed, different from our thoughts that we have had only short time for break; it was already time for our promise. We gathered in one room, and talked about Mongolia's desertification which is a main topic of our eco-tour.

데, 흥미로운 사실은 밧줄을 풀어줘도 도망가지 않는 다는 것이었다. 새로운 경험인 만큼 비용을 지불하면서까지 팔에 독수리를 올리고 멋있게 촬영을 하려고 했지만, 생각보다 무거웠던 탓에 제대로 들고 있기도 힘들어 얼굴을 잔뜩 찌푸린 사진만 남은 것이 조금 아쉬웠다.

숙소에 도착하자, 감사하게도 첫날 힘들었을 우리를 위해 한식이 준비되어 있었다. 오랜만에 몸을 써서 배가 고프기도 했고, 내심 한국이 그리웠던 우리는 쉬지 않고 저녁을 해치웠다. 환경 토론 시간을 위해 다시 만나자는 약속을 하고 우리는 각자의 방으로 돌아와 휴식을 즐겼다.

몇몇은 아직 배가 고프다며 한국에서 챙겨온 컵라면을 꺼내 들었고, 푹신한 침대에서 눈을 붙이기도 했다. 우리 방은 오늘 하루에 대해 이야기를 나누면서 텔레비전을 켰는데, 신기하게도 이 낯선 땅 몽골에서 친숙한 얼굴들을 만날 수 있었다. 지구촌, 세계화가 대두되고 한류가 인기를 끌면서 한국의 문화가 전세계적인 인기를 끈다는 것을 들어는 봤지만, 이렇게 실제로 마주하는 것은 전혀 다른 기분이었다. 더군다나 방송 중인 프로그램이 우리나라에서도 모르는 사람이 많은 뷰티 프로그램이라는 점에서 새삼스럽게 한류의 위력을 제대로 실감할 수 있었다.

왜 항상 쉬는 시간은 빨리만 흐르는 것인지, 조금 쉬었다고 생각하기 무섭게 약속한 시간이 다가왔다. 한 방에 다 모인 우리는 둘러앉아 이번 에코투어의 가장 큰 테마인 몽골의 사막화에 대해 이야기를 나누기 시작했다.

According to the desertification evaluation of United Nation Environment Programs (UNEP), desertification is defined as "the devastation of land occurring in arid, semiarid, and dry sub-humid area caused by inappropriate human activity." The term 'land' includes all of soil, water, ground surface, vegetation and crop; 'devastation' refers to soil erosion or sedimentation from wind and water, decrease in the amount of harvest, or acidification of soil. Desertification can easily happen around deserts, but it doesn't necessarily mean the expansion of the desert. The important thing is that desertification is irreversible: which means, once proceeded to a certain point, it is impossible to restore.

Desertification in Mongol is progressed gradually. Deserted lands seems grassy from a distance, concealing the severity of desertification; however, taking a closer look, there are more sands than grasses.

As the average temperature rises rapidly, the permafrost has melted down and development of desertification has processed more than ever. 1,166 lakes and ponds, 887 streams of river, and 2,277 wells have all run dry. Lake Ulan, located in mid-southern Mongolia and widely known as the largest desert in Gobi, has dried up until the sand floor is exposed. Portion of land that is already under desertification or is on a process of desertification has grown to 78% from 46%, which is 7.5 times larger than the entire area of Korean Peninsula. Moreover, 90% of the entire land is under the risk of desertification. Portion of grassland sharply declined by 20~30%, which led to 5 times less harvest and the extinction of three-fourth of plant species. The number of livestock dropped, while the number of yellow dust storms rose up to 2~3 times at most, depending on the region.

Zamyn Uud, one of the most damaged regions, looks like a sand island despite its population of 25,000. Sand is all over the area; residents can barely walk through the city. Bayanzag was once known for its forests which were

Direct example of showing desertification in Mongolia; there was only sand as if in the middle of the desert.

몽골의 사막화를 단적으로 보여주는 현장. 사막의 한 가운에 있는 것처럼 풀 한 포기 발견할 수 없이 모래뿐이었다.

UNEP(United Nation Environment Programs)의 지국 사막화 평가에 따르면 사막화란 '부적절한 인간활동에 기인하는 건도, 반건조, 건성 반습윤 지역에서 일어나는 토지의 황폐화 현상'이다. 여기서 말하는 토지는 토양, 수자원, 지표면, 식생 또는 농작물을 모두 포함하며, 황폐는 바람이나 물에 의한 토양 침식, 퇴적 또는 수확량의 감소, 토양의 산성화 등을 가리킨다. 사막화는 사막의 주변에서 발생하기 쉬우나 반드시 사막 자체의 확대만을 의미하는 것은 아니다. 중요한 것은 사막화는 어느 정도 진행되면 다시 원상태로 돌이킬 수 없는 비가역적인 현상이라는 점이다.

몽골의 사막화는 점사막화로 진행된다. 언뜻 멀리서 보면 풀이 있고 초원인 것처럼 보여 그 심각성이 드러나지 않지만 몇 발짝 다가가면 풀은 듬성듬성하고 모래가 훨씬 많은 모습인 것이다.

기온이 빠르게 높아지면서 영구적인 동토의 물은 녹아 내리고, 모래폭

so wooded that people could not be found when they were in the forests on camels. Now there are only dead trees and dirt. If left as it is now, the entire Mongol, except for the fertile granary facing the border of Russia, is expected to turn into desert.

The causes of desertification can be divided into two; environmental cause and artificial cause. The environmental part is climate change. While the average world temperature has risen by 0.86 degrees Celsius, the average temperature of Mongol has risen by 2.1 degrees Celsius, which is about three times higher. However, the rising temperature is not the only reason for the rapid desertification. While the average annual world precipitation is 750mm, the average annual precipitation of Mongol has dropped to 100~150mm; this is another major cause of desertification in Mongolia. In addition, the inland geography of Mongol, which the shortest route to the sea is 1900km long, makes it very difficult to cool down the land if once heated.

Damdin, who has served as the secretariat of Mongolian Ministry of Environment for 26 years, has summarized the causes of desertification to these four: indiscriminate mining, increase in the number of livestock, artificial elimination of woods, and the policy of Mongol government.

Water is the most fundamental factor needed in order to develop a mine; yet, Mongolia's climate is very arid. People started to dig wells and used up too much of the water in the wells, which eventually led to desertification. In most cases, when wells are constructed, people usually provide the water by digging in depth and draining out the deeply underground water. The critical point of this is when people decide to use water stagnated on the ground; desertification starts here.

Mongolians, living as nomads for generations, see 40,000,000 as the adequate number of livestock. Nonetheless, the number of livestock currently

풍이 늘어나 사막화가 급속도로 진행됐으며, 호수와 강은 말라붙었다. 이 기간에 몽골에서는 1166개의 호수와 연못, 887여개의 강, 그리고 2277개의 우물이 말라버렸다. 크기는 서울 면적의 절반, 수심은 5미터로 몽골 고비사막 내 가장 큰 규모를 자랑하던 몽골 중남부의 울란 호수 역시 모래 바닥을 드러냈다. 이미 사막이 되었거나 사막화가 진행되고 있는 땅은 한반도 면적의 7.5배 가량인 몽골 전 국토 중 46%에서 78%로 늘어났고 90% 이상이 사막화 위험 아래 있다. 초지는 20~30%가량 급감했고, 이에 따라 수확량은 5배 감소했으며 식물 종의 4분의 3이 멸종했다. 가축의 수도 급감했으며 황사 폭풍이 부는 횟수도 지역에 따라 많게는 2-3배까지 증가했다고 한다.

몽골의 사막화 피해가 극심한 곳 중 하나인 남동부 자민우드 지역은 인구가 2만 5000명임에도 모래 섬을 방불케 한다. 골목마다 모래가 진득 쌓여 주민들이 제대로 걸어 다닐 수 없는 지경이다. 바얀자그도 지역은 과거엔 낙타를 탄 사람이 들어가면 찾을 수 없을 만큼 숲이 우거졌었지만 지금은 말라 죽은 나무와 흙만이 덩그러니 남아 있다. 지금의 모습대로 방치되면 러시아와 국경을 접하고 있는 몽골 북부의 비옥한 곡창지대를 제외하면 몽골 전체가 사막이 될 것으로 예상된다.

사막화가 일어나는 요인은 환경적인 요인과 인위적인 요인으로 나눌 수 있다. 환경적인 요인은 기후변화이다. 최근 60년간 세계 기온이 0.86도 오른 데 반해 몽골은 무려 3배 가량인 2.1도가 상승한 것으로 밝혀졌다. 몽골에서 사막화가 빠르게 진행되고 있는 것은 기온 상승 때문만은 아니다. 연평균 강수량이 750mm인 것에 비해 몽골 연평균 강수량은 250mm였는데, 이것이 몽골의 강수량이 100~150㎜ 정도로 줄어든 것도 직접적인 원인 중 하나다. 완전한 내륙지대로 바다로 가는 최단거리가 1900km이기 때문에 바다의 중재를 거의 받을 수 없어 일단 올라간 기온이 쉽게 내려가지 않는다는 점도 사막화를 부추기고 있다.

26년간 몽골 환경부의 비서관으로 있었던 담딩 고문에 따르면 몽골의

inhabiting in Mongolia is 60,000,000, which is large enough to accelerate desertification by the consumption of grass. The biggest problem is goat, which eats up the entire plant including the root. Yet, the number of goats in Mongolia has substantially grown since cashmere industry, which rely on goats, came into the spotlight, and the traditional economic structure of raising sheep shifted to that of raising goats.

Trees are perceived as an obstacle, or something that has to be cut down, by Mongolian nomads. The only subject in which they are interested is livestock such as sheep and goats; therefore, trees should be cut down so that the trees won't hinder them watching the livestock. Moreover, water has been worshipped in this region due to its significant shortage, which meant growing trees wasn't considered that crucial. Disappearance of forest depletes the soil's ability to protect, accelerated soil erosion leads to the destroying of soil and changes in underground water level. These kinds of indiscriminate logging accelerate desertification in Mongol.

Not only Mongolian government, but also countless nations including South Korea are putting their best effort to head the desertification off. It is not simply because Mongolia has been pointed out to be the principal culprit of about half of the yellow dust in the world, and even more in Northeast Asia.

There is a proper reason for the worldwide efforts of preventing desertification is specifically concentrated in Mongolia, especially comparing to China which is faced with a similar situation. China has gotten some fruitful outcome such as holding back the desertification in some region; however, Mongolia relatively lacks the ability to deal with the problem on its own. Indeed, Mongolian government's annual budget assigned for desertification problem was no more than 270,000 dollars. Despite its factors of economic development, such as the abundant deposit of natural resources, Mongolia's advancement

사막화의 원인 다음 4가지로 요약할 수 있다. 무분별한 광산개발, 가축의 증가. 삼림의 제거, 몽골 정부의 정책이다.

광산을 개발하기 위해서는 물(용수)이 필수조건인데 몽골의 강우량은 연평균 250미리인 건조 기후이다 보니 우물을 파서 물을 공급하기 시작했고 물을 많이 가져다 씀으로 해서 사막화의 주된 원인이 되었다. 여기서 중요한 부분은 대부분 우물을 팔 경우 지하 심층까지 파서 흐르는 물을 공급을 해야 하는데 대지층에 고여 있는 물을 파서 쓸 경우 물을 다 써버리고 나면 그 지역에서 사막화가 시작된다는 것이다.

몽골은 대대로 유목 민족으로 가축을 키우며 살아왔는데 지금 몽골 현지사정으로 볼 때 4000만 두의 가축이 적당한 양이라고 한다. 그런데 현재 몽골은 6000만두의 가축이 살고 있고 이 가축들은 풀을 먹고 살기 때문에 풀이 없어진 대지는 점차 사막화가 되어가고 있다. 이 가축들 중 가장 문제는 염소인데 염소의 경우 풀을 뿌리까지 모조리 먹기 때문이라고 한다. 그렇지만 염소 한 마리에서 극히 적은 양이 생산되는 고급 옷감 캐시미어 산업이 각광을 받으면서 염소의 수가 매우 큰 폭으로 증가했고, 전통적으로 양을 많이 기르던 구조에서 염소를 더 많이 기르는 구조로 변하게 되었다.

몽골의 유목민들은 나무는 유목을 하는데 방해되는 존재 즉 베어서 없애야 한다는 인식을 가지고 있다. 유목 생활과 문화 중 유목민들이 관심을 갖는 것은 양이나 염소 등 가축 뿐이다. 따라서 가출을 지켜보는데 방해가 되는 나무는 베어버려 할 대상에 불과한 것이다. 더군다나 물이 귀한 곳이기에 물은 신성한 대상이었기에 나무를 기를 이유가 없었던 것이다. 그렇게 삼림이 사라지면 나무의 피복에 의한 토양의 침식보호기능을 감소시키고, 가속되는 토양침식은 토양붕괴를 가지고 오고 자연스럽게 지하수위도 영향을 받게 된다.

몽골 정부 뿐만 아니라 우리나라를 비롯한 세계의 여러 나라들은 몽골의 사막화 방지를 위해 힘쓰고 있다. 그 이유가 단순히 몽골이 전세계 황사의 반절 이상, 동북아시아 지역의 황사의 주범으로 지목 받고 있어서 만은

is blocked by its unstable economic structure, in which laborers who moved abroad take 16% of the country's GDP. At this point, there is just no way for Mongolia to concentrate on desertification problem. Another reason of the entire world focusing on Mongolia's desertification is related to the cause of the desertification problem. China has most of the responsibility of desertification is on itself, including economic development and compulsory population movement. On the other hand, Mongolia can be said to be the victim of the climate change caused by pollution in Korea and Japan. Mongolia deserves compensation for the quick progress of desertification was due to the environmental changes brought about by economic development of adjacent East Asian nations.

When President Tsakhiagiin Elbegdorj was elected in 2009, one of his election pledges was to prevent desertification. In 2010, he set the second Saturday of May and October as the very first Arbor Day in Mongolian history. He also has been on a 30 years plan of establishing Mongolian greenbelt which connects a 3700km belt with trees; however, the plan is barely being carried out due to financial problems. Mongolian government has been running tree-planting campaigns and businesses, and education on the duty of a citizen to understand and prevent the environmental damage Mongolia's about to go through has been included in public school curriculum.

Above these, international efforts to combat desertification have been made. One of the three biggest convention of UN, United Nations Convention to Combat Desertification (UNCCD), is an international agreement about preventing desertification. Made in 1994, the general assembly is held every two years. There was the 'Sustainable Management of Mongolian Grassland' of United Nations Development Program (UNDP), too. From December of 2002 until 2007, Dutch and Mongolian government ran this business, in which they

아니다.

우리나라를 비롯한 세계의 사막화 방지에 대한 노력이, 특히 비슷한 상황에 처한 중국과 비교하여, 몽골에 집중되는 것에는 이유가 있다. 중국은 일부 지역에서 사막화 진행을 저지하는 등의 성과를 거두고 있지만, 몽골은 스스로 사막화를 해결할 능력이 비교적 부족한 상태라는 것이다. 실제로 몽골 정부가 사막화 사업에 한 해 편성한 예산은 3억원에 불과하다. 손에 꼽히는 자원 매장량 등 경제 발전의 요소가 있음에도 불구하고, 몽골은 인구 290만명 중 해외로 이주한 노동자가 전체 GDP의 16%를 차지하는 불안정한 경제 구조에 가로막혀 있다. 온전히 사막화에 신경 쓸 여력이 없는 것이다.

이 외에도 사막화 현상의 원인과 관련된 이유가 있다. 중국은 경제개발과 강제적 인구이동 등 책임 소재의 상당수가 자신에게 있지만, 몽골은 한국과 일본에서 발생된 환경오염과 그로 인한 기후 변화로 피해를 보는 입장이라는 것이다. 동아시아의 인접한 나라들의 급격한 경제 개발로 인해 발생한 환경 오염과 기후 변화로 자연적 사막화가 빠르게 진행되었기 때문에 피해에 대한 보상을 받을 권리가 있다는 입장이다.

2009년 몽골에서 엘벡도르지 대통령이 처음 당선됐을 때, 대선공약 중 하나가 사막화 방지였다. 이에 따라 이후 대통령은 2010년 몽골에 처음으로 식목일(5월 둘째 토/ 10월 둘째 토)을 제정했다. 그리고 30년간의 동서 3700km를 나무 띠로 잇는 몽골 그린벨트를 계획, 수립하고 진행하고 있으나 재원 부족 등으로 실행은 미미한 상태이다.

몽골 정부는 국민 개개인, 지역 사회 및 민간 분야에서 나무 심기 캠페인을 독려하고 있으며 해마다 2백만 그루 이상의 나무 심기 사업을 진행하며 기후 변화로 인한 몽골이 겪어야 할 환경 피해에 대한 이해와 보전을 위한 국민으로서의 책무 교육이 청소년 정규교육과정 하에 시행되고 있다.

이 외에도 국제적으로 몽골의 사막화 개선을 위해 많은 노력들이 진행되고 있다고 한다. UNCCD(United Nations Convention to Combat Desertification)이라

conducted the strengthening of nomadic ability, grassland management, land usage planning, evaluation on resources, share advices on policy, and business partnership. Afterward, from 2008, the two nations tried to cultivate local ability to prevent desertification, by 'Sustainable Land Management for Combating Desertification in Mongolia.'

Swiss Agency for Development and Cooperation (SDC) conducted 'Green Gold Pasture Ecosystem Management Project,' in which they strengthen the determination of independence of deprived nomads and enhanced their quality of life by improving grassland productivity and continuous usage. Gesellschaft für Internationale Zusammenarbeit(GIZ) of Germany established local office in 1998 and set a goal of developing a balanced model between natural resources and local people. For six years, GIZ worked with local government to strengthen trust among local community, enable efficient usage of the land, and offer an opportunity to increase resident income.

In the case of South Korea, there was 'Mongolia–Korea Business of Greenbelt.' Mongolian government established the 30 years long–term greenbelt project in 2005 and cooperated for 10 years from 2007. This project ultimately aimed for constructing 3000ha of forest. For this, both nations not only conducted afforestation to stop desertification, but also professional training and strengthening of local laborers, research and passing down of afforestation skills, and cultivating the saplings, all through education. Furthermore, Korea Forest Service (KFS) embedded experts in Mongolian government to plan for green deserts and build desertification prevention forest. Local tree nursery was established and an education center for afforestation skill was placed in Lun Sum and Dalanzadgad. In times of other firms,, local autonomous entities, and private institutions involved, KFS has supported a professional advisory panel to build infrastructure for them. Due to these efforts, KFS has earned the result

는 협약은 UN 3대 협약 중 하나로 사막화 방지를 위한 지역적 국제적 협력을 약속한 협약이다. 1994년에 체결하여 2년 마다 총회가 열리고 있다.

UNDP(United Nations Development Program) 에서 'Sustainable Management of Mongolian Grassland'라는 사업을 진행했다. 2002년 12월부터 2007년까지 네덜란드, 몽골 정부와 함께한 사업으로 유목민의 역량 강화, 초지 관리 활동, 토지 이용 계획 및 자원 평가, 정책 조언 및 파트너 산업 등을 수행했다. 이후 2008년부터는 'Sustainable Land Management for Combating Desertification in Mongolia'라는 이름으로 주민들 스스로 사막화를 방지할 수 있는 능력을 배양하고자 했다.

스위스의 개발협력청(SDC)는 가난하거나 연약한 유목민의 자립 의지를 강화하고 초지의 생산성 향상과 지속적인 사용을 통해 삶을 향상하려는 "Green Gold" Pasture Ecosystem Management Project를 진행했다. 독일의 국제협력단(GIZ)는 1998년 몽골 현지에 사무소를 설립하고 자연자원과 지역 주민 사이에서의 균형 있는 모델 개발을 주 목적으로 정하고 6년간 지방정부와 지역 주민간의 신뢰강화 및 효율적인 초지의 이용 및 주민 소득 증대를 위한 기회 제공에 힘써왔다.

한국의 경우, 산림청이 '한국-몽골 그린벨트 사업'을 주도했다. 몽골 정부에서 2005년도에 30년 장기 프로젝트 그린벨트 조성 계획을 수립하고 나선 이후 2007년부터 10년간 우리나라와 협력하여 진행하게 된 사업이다. 이는 조림지 3000ha 조성을 최종 목표로 정하고 이를 위해 사막화 방지 조림 사업을 물론 몽골 현지인과 민간단체를 대상으로 한 조림 기술 교육을 통한 전문가 양성과 현지 인력 능력배양, 조림 기술 연구와 전수, 양묘 육성 사업 등을 진행했다. 이 뿐만 아니라 산림청은 몽골 정부에 직접 전문가들을 파견해 사막녹화 계획을 세우고 황사 방재림을 조성해주었다. 더 나아가 현지 양묘장을 조성, 운영하고 있으며, 룬솜과 달란자드가드에 각각 조림기술교육센터를 세워 교육에 활용하고 있다. 더불어 다른 기업, 지자체, 민간 단체 등이 사막화 방지 활동에 나서는 경우 전문가 자문단을 지원

of turning 804ha of the Chinese yellow dust influenced area into grassland and forest.

KFS went further from afforestation. While they also worked for the aftercare, they conducted reforestation on forests with poor survival rate. Despite the great effort, the effect was less than expected, according to poor management of the planted trees. Where one of the firms planted 3,000 trees was now empty plain; among 30 Korea-related afforestation spots, there is only a handful of regions where the afforestation project was successful. Most of them simply planted the trees and left the responsibility of management to Mongolian government, so their failure was not surprising, given that upholding nomadic traditions for centuries, Mongolia lacks both labor force and technology to manage this kind of large-scale forests. For this reason, KFS conducted research of the afforestation spots and enhanced the aftercare work for better watering, prevention of animal damage, and complementary planting.

Recently, from 2016, KFS and Mongolian government decided to run Greening Dryland Partnership(GDP) in Zamyn Uud. GDP basically means supporting developing country of afforestation business for prevention of desertification, devastation of land, and drought. According to regular research, it was concluded that Mongolia needed forests for prevention of drifting sand and protection of city life. Experts agreed that introduction of appropriate type of trees and sapling-nursing technology which can provide large amount of quality sapling was essential.

Before KFS conducted these projects, domestic civic groups have conducted greening businesses since 1998. Non-governmental organizations that are currently conducting this business are Northeast Asia Forest Forum, Future Forest, Green Asia Network, and Eco Peace Asia. Various firms and local entities are actively participating, too. One of the familiar examples is the game

하고 조림 인력 양성을 포함한 사막화 방지 인프라를 구축하는 역할도 해내고 있다. 이같은 노력에 힘입어 산림청은 2007년부터 2010년까지 중국 황사 발생지역 중 804ha를 초지와 숲으로 바꾸는 큰 성과를 얻었다.

산림청은 조림장 조성에서 한발짝 더 나아갔다. 사후 관리에 더 힘쓰며 생존율이 불량한 조림지에 재조림을 추진한 것이다. 사막화 방지를 위해 조림한 나무들이 생존율이 낮고 생육 발달도 저하되는 등 미흡했던 관리 때문에 결과는 기대에 이하였다. 국내 한 기업이 3천 여 그루의 나무를 심었던 자리는 이제 구덩이만 눈에 띄는 허허벌판이며 한국인 관여한 몽골 내 조림장 30여 곳 중 성공 사례는 손에 꼽히는 정도 뿐이라고 한다. 나무를 심기만 할 분 관리는 몽골 정부에 맡겼는데, 유목 전통의 몽골은 대규모 나무 가꾸기를 해본 인력도 기술도 부족하기에 당연한 결과였다. 이에 따라 산림청은 민간 단체가 추진한 조림지에 대해 현황 조사 연구를 진행하고 관수, 동물피해 방지, 보식 등 주변 환경에 적응하고 자랄 수 있도록 하는 일련의 사후 관리 작업을 강화하는 노력을 기울인 것이다.

최근 2016년부터 산림청은 몽골 정부와 몽골 내 자민우드시의 사막화 방지를 위한 건조지녹화 파트너십 (GDP)를 추진하기로 결정하였다. 기본적으로 건조지녹화 파트너십은 개도국의 사막화와 토지 황폐화, 가뭄 대응 등을 위해서 사막화 방지 조림, 산림 조성 등의 사업을 지원하는 것으로 뜻한다. 꾸준한 조사를 끝으로 도시개발계획과 연계하여 비사방지 및 도시생활 보호를 위한 숲 조성이 필요하다고 결론이 났다. 따라서 이를 위해 적절한 수종 선택과 대량의 우량묘목 공급이 가능한 양묘 기술 도입을 필요로 한다고 전문가들의 의견이 모아졌다.

산림청이 나서기 전 1998년도부터 국내 시민단체들은 몽골의 사막녹화 사업을 진행해왔다. 현재 이 사업을 진행하는 대표적인 시민단체에는 동북아산림포럼, 미래숲, 푸른아시아, 에코피스아시아 등이 있다. 또 다양한 기업과 지자체들의 참여도 적극적이다. 친숙한 예로는 어플리케이션으로도 개발되어 게임을 통해 나무를 기르면 실제로 나무를 심어주는 '트리플래

application 'Tree Planet,' in which the trees users planted online are actually planted. Numerous NGO activities are continued with domestic forest experts in the center. Green Asia Network is relatively new, but shows creative approach to greening activities in yellow dust causing areas in Mongolia. Green Asia Network concentrates on both desertification and the environmental refugees who are in poverty from the desertification. What they believe is that simply planting trees can't fully solve desertification problem; they should find a way of new life to the people who lost their life base. Green Asia Network started out with the idea of building a sustainable community that people who deserve compensation could stand on their own. Going through countless trial and error, they found out that the answer to providing sustainable life base is public ownership of the afforested land. Currently they are making great efforts in helping the residents stand on their own.

닛'이 있다.

국내 산림 전문가들을 중심으로 다양한 NGO들의 활동은 꾸준하게 이어지고 있다. 이 중 가장 최근에 시작했지만 색다른 접근 방식을 보여주는 시민 단체는 몽골 내 황사 유발 지역을 중심으로 사막녹화 활동을 진행하는 '푸른아시아'이다.

푸른 아시아는 사막화와 더불어 그로 인해 빈곤을 마주한 환경 난민들에 주목했다. 사막화의 해결은 땅에 나무와 풀을 심는 것으로 끝나는 것이 아니라 그로 인해 삶을 잃어버린 사람들에게도 새로운 삶을 찾아줘야 한다는 것이다. '받을 권리'가 있는 이들이 자립할 수 있는 하나의 지속 가능한 공동체를 조성해야 한다는 생각으로 시작했다. 여러 시행착오를 겪으면서 환경 난민들에게 지속적인 새로운 사람의 터전을 마련하는 방법은 대부분이 생각하는 나무에게 소유권을 인정해주는 방식 대신 전체 조림지가 공동의 소유, 즉 협동 조합의 형태임을 알게 되었고 현재는 몽골 여러 지역에 그러한 마을들을 조성해 주민들의 자립을 도우며 큰 성과를 내고 있다.

1. India

The serious desertification in India is mostly generated by overcrowding of population and livestock. India is where 17% of world population is crowded in 2% area of world land extent. Similarly, there are just too much stocks rose in India. This overcrowding quickly consumes India's natural resources and devastates its land. Change in rainfall according to climate change and agricultural tradition that overburden the land are another causes of desertification in India.

Currently, 80,000,000ha, which is roughly one fourth of the entire land extent, has already turned into deserts or on its way to desertification. Devastated soil leads to impossibility of farming and raising animals. Lack of food, which is one of the most serious problems in India, is another outcome of desertification.

To settle this trouble, Indian government and citizens are putting a lot of efforts. India joined UNCCD to participate in various agreements about preventing desertification. India also got to produce more crops than before by importing a specific kind of reformed wheat from U.S. in 1943; however, this method eventually failed by some environmental problems followed.

The government and non-governmental organizations came up with alternatives. Since 2011, dozens of programs for solving desertification, land devastation, and drought were developed as a part of NGO activities. National Mission for Green India (GIM), a program that aims to reforest 10,000,000ha of land until the end of 2017, was assigned with 1,300 rupees of budget. Desert Development Program (DDP) is a program with the goal of controlling desert-

타 국가의 사막화 극복 방법과 몽골에서의 적용 가능성

1. 인도

인도에 일어나고 있는 심각한 사막화의 주요 원인은 인구와 가축의 과다조밀이다. 인도는 지구 전체 토지 중 약 2%를 차지하나, 전체 인구의 17%에 육박하는 인구가 밀집되어 있는 국가이다. 또한, 땅에 비해 지나치게 많은 가축이 사육되고 있기도 하다. 이러한 인구, 가축 과다조밀은 인도의 자연자원이 빠르게 소모되고, 국토가 황폐화하게 한다. 또, 기후변화로 인한 강우량 변화와 토지에 부담을 주는 영농 방식 역시 인도의 사막화를 재촉하는 요소이다.

현재 인도 국토의 약 1/4수준인 8천만 헥타르가 이미 사막화되었거나 사막화가 진행 중이다. 토지 황폐화로 인해 농작이 불가능한 것은 물론, 가축을 사육하기 위한 토지 또한 부족하다. 이로 인한 식량 부족은 세계 2위 수준으로 인구가 밀집한 인도에서 특히 심각한 문제이다.

이러한 사막화 문제를 해결하기 위해 인도의 정부와 시민들은 많은 노력을 하고 있다. 인도는 유엔 사막화 방지 협약(UNCCD)에 가입하여 다양한 사막화 관련 협약에 동참하는 중이다. 또, 1943년 미국에서 개량된 밀 품종을 수입하며 적은 토지로 전보다 많은 농작물을 생산하게 되었으나, 다양한 환경적 문제들이 따라오며 몇 년 내로 효과를 보지 못하게 되었다.

이에 인도 정부와 시민 단체들은 다양한 대책을 내기 시작했다. 2011년부터 사막화, 토지 황폐화, 가뭄 등의 문제를 해결하기 위한 수십 개의 프로그램이 NGO활동의 일환으로 개설되었다. National Mission for Green India(GIM)는 2017년까지 1000만 헥타르의 산림 복원 및 조림을 목표로 하는 프로그램으로, CCEA는 1300크로 루피의 예산을 승인했다. Desert Development Program(DDP)은 자연자원 회복을 통해 사막화를 제어하고자 하는 프로그램이며, Integrated Wasteland Development Program(IWDP)역시 자

ification through recovering natural resources; Integrated Wasteland Development Program (IWDP) is also a program to recover resources by developing wasteland. Drought Prone Areas Program (DPAP), a program that builds basin program in drought prone regions, is also on its way. The government is also putting great efforts, such as its long-term goal to achieve land devastation neutrality: maintaining and enhancing the state of soil by sustainable management of soil, water, and biodiversity. Also, the government approved to assign 46,000 rupees budget for increasing forests area for 10 years from 2014.

India is a nation with large-scale livestock for both economic and cultural reason, which is a similar aspect with Mongolia. Also, both India and Mongolia have a large portion of barren wasteland, Indian basin program and wasteland developing program seems to be applicable in Mongolia, given that Mongolia has a large need of food crops.

2. Africa

43% of African continent is composed of arid and semiarid region, and the land with 40% of the entire African population is in danger of desertification. Especially Sahel Area, located in the South of Sahara Desert, is where rapid desertification is taking place. Sahel Area is a semiarid region where there is no rainfall except for a very short rainy season.

There are many causes of accelerated desertification in Sahel Area. For instance, the precipitation. This semiarid region has about 200ml of annual rainfall, so the ground is vulnerable for devastation. However, one of the biggest causes is rapid population growth. After 1960, population doubled in Sahel Area, leading to increased farming land, slash-and-burn field, and lumbering.

연자원 강화를 위해 황무지를 개발하는 프로그램이다. 또, 가뭄 다발 지역에 유역 프로그램을 설치하는 Drought Prone Areas Program(DPAP)도 진행되고 있다. 정부 역시 다양한 노력을 기울이고 있는데, 대표적으로 2030년까지 토지황폐화 중립, 즉 토양, 수자원, 생물 다양성의 지속 가능한 경영을 통해 토지 자원 상태를 유지 및 향상을 이루는 것을 목표로 하고 있다. 또, 산림 면적 증가를 위해 2014년부터 10년간 총 46,000크로 루피의 예산을 지원하는 것을 승인했다.

　인도는 가축 사육의 규모가 큰 국가일 뿐만 아니라 문화적인 특성상 가축들이 많기 때문에, 이러한 점이 특정 가축에 대한 의존도가 큰 몽골의 환경과 유사하다. 또, 몽골과 인도 모두 전체 토지 면적 중 사막을 비롯한 척박한 땅이 차지하는 비율이 크기 때문에, 식량 확보를 위한 노력이 필수적이라는 점에서 인도의 유역 프로그램과 황무지 개발 프로그램을 본받아 사용하여 좋은 효과를 볼 수 있을 것으로 예상된다.

2. 아프리카

　아프리카는 대륙의 43%에 해당하는 면적이 건조, 반건조 지역으로 전 인구의 40%가 거주하는 지역이 사막화의 위험에 처해 있다. 특히, 아프리카 사하라 사막 남쪽의 사헬 지대는 사막화가 급격히 가속화 되고 있는 지역이다. 사헬 지대는 짧은 우기를 제외한 나머지 기간 대부분은 비가 오지 않는 반건조 지역이다. 사헬 지대의 사막화가 가속화된 원인은 여러 가지이다. 예를 들어, 그 원인으로 비를 꼽을 수 있다. 이 지역은 연간 강우량이 200ml 내외인 건조지역인지라 토지기반이 취약하여 비로 인해 토양이 침식되어 사막화가 진행되었다.

　그러나 많은 원인들 가운데 가장 크게 작용했다고 보이는 요인은 급격한 인구 증가이다. 1960년 이후 사헬 지대의 인구는 2배 이상 증가했고 따

Also, increased number of livestock destroyed the balance of ecosystem.

Greenbelt movement, one of the most effective African attempts to combat desertification, concentrates on the development of environmental organizations and granting them the ability to recover their land. The movement has planted native trees in their farmlands and public areas in order to prevent soil devastation, conserve the forest, and recover the environment. It has gone through supporting the citizens' activity to combat desertification and enhancing both the land and the life of the residents by planting 30,000,000 trees for last 30 years. One most notable achievement is its contribution in implanting the need for protecting nature in the public mind and teaching them the plating culture. Greenbelt movement has so far successfully protected Uhuru Park and Karura Forest in Nairobi, Kenya.

African methods of combatting desertification could be predicted to positively work in Mongolia, mostly because Mongolian citizens definitely need the notion of protecting nature and knowledge of planting culture. Also, Mongolia has a similar concern in putting stocks out to pasture.

3. Spain

Spain is a famous vacation spot in summer season, with Mediterranean climate. However, Spain's great sightseeing spots are predicted to be hard to see, according to the breakneck desertification. The fundamental reason of desertification in Spain is global warming. Specifically, wider metropolis, increase in tourists, mountain fires, increase in farming, and ill-considered land usage are to blame. However, what is the most fundamental and important cause of acceleration of desertification is not these kinds of abnormalities in climate, but

라 경작지의 면적이 늘어나고, 화전이 확산되었으며 급격한 산림벌채도 행해졌다. 또한, 이동한 인구와 비례해 가축의 수도 증가하여 생태계 균형은 급격히 파괴되었다.

아프리카의 사막화를 극복하고자 하는 노력 중 대표적으로는 그린벨트운동이 있다.그린벨트운동은 환경기관의 발달, 그리고 단체 동원과 그들에게 능력을 부여하는데 중점을 두고 있다. 토양 황폐화를 방지하고, 산림지역을 보호하며, 환경을 회복하고 보존하기 위해 산림을 포함한 그들의 농장과 공공지역에 자생수종을 심었다. 그린벨트운동은 30년 동안 일반대중의 활동을 위한 동원의 효율화와 3천만그루의 나무를 조림해서 토지는 물론 주민들의 생계를 변화시키는 일련의 과정들을 서서히 발달시켜 왔다. 가장 괄목할 만한 업적은 바로 조림문화를 터득시켜준 것과 자연을 보호해야 한다는 인식을 심어준 것이다. 이 운동을 통해 우후루 공원과 카루라산림 등과 같은 지역을 보호했다.

아프리카의 사막화 대응 방식은 몽골에 적용했을 때 긍정적으로 작용할 것으로 보인다. 몽골에서는 아프리카와 같이 시민들에게 자연을 보호해야 한다는 인식과 조림문화를 터득시켜주는 것이 시급해 보이기 때문이다. 또한, 사헬 지대처럼 몽골도 가축들을 방목시키기 때문에 이 또한 아프리카가 몽골을 위한 좋은 모델이 될 수 있는 부분이다.

3. 스페인

스페인은 지중해성 기후의 국가로, 유럽의 국가들 중에서도 유명한 관광 국가이다. 특히 여름 휴가철에는 휴양지로 더욱 각광받는 나라 중 하나가 바로 스페인이다. 하지만 빠른 속도로 진행되고 있는 사막화로 인해 전문가들은 앞으로 스페인의 그러한 모습은 점차 보기 어려워질 것이라 예측하고 있다. 스페인에서 사막화가 발생하는 가장 근본적인 원인은 지구 온

level of recognition about desertification.

The damage has already covered from the central region to the southern region of Iberian Peninsula, which is roughly one-fifth of the entire land extent. Among this area, south central region of Spain, meeting the Mediterranean Sea, shows great extent of damage. Furthermore, 33% of the entire land in Spain is in danger of turning into deserts, according to UN. South central Spain is experiencing extreme hot summer, with the temperature of 40 degrees Celsius, and the worst drought and mountain fire of its history. Also, the annual precipitation dropped by 10%, devastating the soil. Rise in average temperature causes problems in migration of birds or life of plant species.

Professor Joel Guiot from Aix-Marseille University in France and his team expected that if Spain keeps giving off a similar level of carbon dioxide, its entire land will turn into a desert. The desert will spread through Sicily, Italy, and plant species of Mediterranean region will be replaced by tropophytes. The research team said that "Mediterranean region will go through an unprecedented change,' and they predicted that even though Paris Agreement is well carried and the increase in average temperature falls to less than 1.5 degrees Celsius, deserts in southern Europe will expand considerably. "Scientists worry that in 50 years, one-third of Spain's land might turn into desert," Financial Times reported. European Environment Agency(EEA) predicted that Spain's average temperature will rise by 4 degrees Celsius in a hundred years. Doctor Francisco Ayala of Spain Institute of Geoscience and Mineral Resources□ stated that "among many southern European nations, Spain is where global warming is most clearly spotted," and predicted that "the average temperature will increase by 2.5 degrees Celsius by 2060." Doctor Ayala also added that "not only climate change, but also the emergence of Legionella and swarms of locusts could be expected." If desertification keeps progressing in Spain, Lake

난화이다. 그 중에서도 도시 광역화와 여행 객 증가, 산불과 농업 증가, 그리고 무분별한 토지 사용에 대해 이루어지지 않은 제재를 꼽을 수 있다.

스페인의 사막화는 이베리아 반도 중부에서 남부에 이르기까지 그 피해가 진행되고 있으며, 이는 국토의 5분의 1을 차지하는 면적이다. 그중 지중해와 맞닿은 남부 지역은 특히 심각한 피해 정도를 보이고 있다. 더불어 스페인의 현재 면적 중 33%가 사막화가 될 위기에 놓여있다고 유엔은 발표했다.

스페인 중남부의 많은 지역은 더운 여름날에는 섭씨 40도에 육박하는 무더위에 시달리고 있으며, 사상 최악의 가뭄과 산불도 자주 발생한다. 또, 지난 50년간 평균 강수량이 10퍼센트 감소하여 국토가 황폐해지고 있다. 평균 기온 상승으로 철새들의 이동이나 각종 식물종에게도 문제가 발생하는 등, 사막화를 비롯한 각종 이상 기후 현상이 일어나고 있다. 그러나 그 무엇보다도 가장 큰 문제는 국민들의 인식이다. 국민들은 사막화로 인한 물 부족이나 토지 생산성 저하로 큰 피해를 보고 있으나, 가장 근본적인 원인인 사막화에 대한 인식 수준은 매우 낮다.

프랑스 엑스–마르세유 대학의 조엘 귀오 교수를 비롯한 연구진들은 이산화탄소 방출량이 현재와 같은 수준을 유지할 경우, 2100년쯤에는 스페인이 완전히 사막화 될 것이라고 예측을 내놓았다. 스페인 남부와 이탈리아 시칠리아까지 사막이 확장되고, 지중해의 식물종은 사라져 낙엽식물로 대체된다는 것이다. 또한 연구진은 "지중해 지역이 지난 1만년을 통틀어 전례 없는 변화하게 될 것"이라고 밝혔으며, 파리기후협정이 잘 지켜져 기후 상승이 1.5도 이하로 된다고 해도 남유럽의 사막이 상당히 확장될 것이라 예측하였다.

파이낸셜 타임스는 "과학자들은 50년 안에 스페인 국토의 3분의 1이 사막으로 변할 수 있음을 우려하고 있다"고 보도했으며, 유럽환경청(EEA)은 100년 안에 스페인의 평균기온이 4도 가량 오를 것으로 예상했다.

또한 사막화와 연관하여 스페인 지정학광물연구소의 프란시스코 아얄

Ebro, which provide water throughout the entire country, could be influenced, leading to an environmental disaster. Indeed, a pessimistic view stating that one-third of Late Ebro Delta could disappear and the amount of water could diminish has been proposed.

It is impossible to directly solve the desertification, but Spain is coming up with various solutions. Spanish government had UNCCD COP 8 be held in Madrid in 2007, and joined several other agreements to keep discussing about desertification issue with other nations. The government passed a bill restraining water usage to deal with national shortage of water, and is conducting a desertification prevention business by importing solar panels. Citizens participated in water saving campaign and formed civic organizations. International environmental organization JPADE, which has its headquarter located in Madrid, conducted reforestation business to recover grassland, educated the residents about desertification prevention, and ran a campaign with UNCCD. Also, they ran worked with Carlos Marchena, a Spanish football player and the honorary ambassador of UNCCD, to inform the public of how dangerous desertification could be and run a tree planting campaign.

The most notable Spanish solution for desertification issue is the campaign with a renowned football player. Using celebrity and famous sports stars for campaigns will convey a sense of alertness to the public and encourage participation.

Reforestation and desertification prevention education also seem applicable in long term. However, Spain's usage of solar panels is not likely to have meaningful effect on Mongolia, for desertification in Mongolia is considerably more progressed than that in Spain.

라 박사는 "스페인은 남부유럽의 여러 국가들 중에서도 지구 온난화 현상이 명확하게 관찰되는 국가"라면서 "2060년까지 평균 기온이 섭씨 2.5도 올라갈 것으로 예상 된다"고 말했다. 그에 덧붙이며 아얄라 박사는 "기후 변화는 물론이고, 그 외에 스페인에서 보기 힘든 레지오넬라균의 발병 가능성과 메뚜기 떼 출현까지도 감내해야 하는 상황을 예고하고 있다"고 강조했다.

사막화가 계속될 경우 스페인 전역에 걸쳐 물공급을 담당하는 에브로강까지 영향을 미쳐 심각한 환경재앙이 될 가능성이 높다. 실제로 2050년까지 에브로강 삼각주가 3분 1 정도 사라지며 수량 자체도 급격히 줄 것이라는 비관적 전망도 나오고 있다.

사막화 현상을 곧바로 해결해 낼 수는 없으나, 스페인은 다양한 해결책을 마련 중이다. 2007년 사막화방지협약 당사국 총회를 마드리드에서 개최하고, 여러 협약에 가입하며 많은 국가들과 함께 사막화에 대한 논의를 계속해서 진행하고 있다. 정부는 사막화로 인해 나타난 물 부족 현상에 대응하기 위해 물 사용 제한 법안을 수립하고, 태양광 발전시설을 수입하여 사막화 방지 사업을 진행 중이다. 시민들도 직접 나서 물 절약 운동에 동참하고, 환경단체를 만들기도 했다. 스페인 마드리드에 본부를 둔 국제환경단체 JPADE는 초지 복원을 위해 재조림 사업을 진행하고, 피해 주민들을 대상으로 사막화 방지 교육을 진행하며, UNCCD 사무국과도 캠페인을 진행했다. 또한 UNCCD 홍보대사 스페인 축국선수 카를로스 마체나와 함께 사막화의 위험성을 알리고 '나무 심기' 캠페인도 진행했다.

사막화를 향한 스페인의 대응책 중 주목할 만한 것은 유명 축구선수를 내세운 캠페인이다. 몽골에서 유명인을 이용한 공공 캠페인을 시행한 적 있는지 조사 필요(삭제) 이를 몽골에 도입하여 연예인, 운동선수 등의 유명 인사를 이용한 홍보와 '나무 심기' 캠페인 등을 통해 국민들의 경각심을 일깨우고, 참여를 이끌어낼 수 있을 것이다.

재조림 사업과 사막화 방지 교육의 진행 역시 지금 당장 효과를 볼 수는

4. China

Currently, 262,000,000ha, which is roughly 30% of China's entire land, is on the way of desertification. Economic loss due to the desertification is 65,000,000,000 dollars, and more than 400,000,000 residents who live in the desert area suffer from shortage of water and food. Every year, more than 4 times of the area of Seoul of China's land is devastated from desertification. This led to considerable drop in productivity and serious yellow dust damage on China and the neighboring countries. What is even more serious is that 40% of China's land is composed of grassland that is prone to turn into desert, and this region is very difficult to recover once it is damaged.

The causes of desertification in China could be sorted out into five, and the biggest one is inappropriate cultivation of farmland. The following ones are illegal lumbering, excessive grazing, inappropriate use of water, and mining. Most people agree that the reason of desertification in China is still not fully solved, despite of the clearly shown causes, is in the public minds. In other words, Chinese citizens do not get the importance of limited natural resources and land, because they still have the thought in their mind, that China has large land and abundant resources that there is no scarcity of them.

China, in cooperation with other nations, is trying its best to fully overcome desertification. First of all, South Korea and China invested 1,000,000 dollars each since 2010 for the ecosystem restoration business by preventing devastation and conserving water and soil in China. Also, Future Forest, an NGO in Korea, has associated with China Youth League to send tree planting volunteers to Kubuchi Forest, located in Inner Mongolia in China. Also, Chinese government has imported solar panels from Korea to conduct desertification prevention business, and is sorting and managing some spots where desert-

없지만 장기적으로 큰 효과를 보여주리라 예상된다. 그러나 스페인의 태양광 발전시설의 경우엔 스페인에 비해 이미 사막화가 진행된 지역의 비율이 큰 몽골에서는 큰 효과를 기대하기 어렵기 때문에, 발전시설보다 재조림 사업을 모델 삼아 몽골에 적용하도록 해야 할 것이다.

4. 중국

현재 중국은 국토의 30퍼센트인 약 2억 6,200만 헥타르에서 사막화가 진행 중인 상태이다. 그로 인한 경제적 손실은 650억 달러이며, 4억명 이상의 사막화 지역 거주민이 해마다 물부족과 식량난에 시달리고 있다. 매년 서울의 4배 면적에 달하는 지역이 사막화로 인해 황폐화되고 있다. 이로 인해 토지 생산성이 현저히 떨어졌으며, 중국은 물론 주변국에까지 이르는 황사 피해 역시 심각하다. 더욱 심각한 것은, 현재 급속한 사막화가 진행 중인 초지는 중국 국토의 40퍼센트를 차지하며, 한번 파괴되면 복구가 어려운 지대라는 것이다.

중국 사막화의 원인은 크게 다섯 가지로 추릴 수 있는데, 가장 큰 요소는 부적절한 농지개간 및 약초 채취이다. 이 밖에도 불법벌목 및 연료목 획득, 과도한 방목, 부적저한 수자원 이용, 광산개발 등이 있다. 이렇듯 심각한 수준의 사막화가 진행되고 있으며 원인이 밝혀졌는데도 불구하고 중국의 사막화가 오랫동안 지속되고 있는 이유는 사람들의 인식에 있다는 의견이 크다. '중국은 땅이 거대하고 자원이 풍부하여 이를 사용하여도 모자람이 없다'는 인식으로 인해 사람들의 한정되어있는 자원과 땅에 대한 중요성을 인식을 하지 못하고 있기 때문이라는 것이다.

중국은 다양한 국가들과 협력하여 사막화를 극복하기 위해 노력 중이다. 먼저, 한국과 중국은 2010년부터 3년간 각각 100만 달러를 투자하여 섬서성 연안시 오기현 주만진 왕수만촌에 "황막화 방지 및 수토 보전을 통한

ification is relatively preceded fast. They also announced the desertification prevention guidelines and set a goal of recovering half of the curable land until 2020. To achieve this goal, they are strictly forbidding excessive cultivation, lumbering, and wasting water.

One special thing about China's solution to desertification issue is that there are more projects and businesses that are ran with other nations rather than by itself. It seems like Mongolia would be able to get a better result by active cooperation with foreign nations. Also, it creating guidelines based on the desertification prevention guidelines announced by Chinese government might be an appropriate solution for Mongolia, too. It could be predicted that if the government clearly state the set goal and specifically how to achieve the goal, it will help a lot in encouraging public participation.

생태 복원사업"을 실시하고 있다. 또한, 한국의 사단법인 미래숲 역시 2009년부터 중국 공청단과 협약을 맺고 중국 내몽고 쿠부치 사막에 녹색봉사단을 파견하여 지속적으로 나무를 심는 활동을 진행 중이다.

중국 정부는 또한 한국으로부터 태양광 발전시설을 수입하여 사막화 방지 사업을 진행하고 있으며, 사막화 진행 속도가 상대적으로 빠른 곳을 파악하여 집중 관리 대상으로 분류, 관리하고 있다. 사막화 방지 가이드라인도 발표하여 2020년까지 치유 가능한 토지의 50퍼센트 이상을 치유한다는 목표를 설정하였으며, 이를 위해 과도한 개간이나 개발, 벌목, 수자원 낭비 등으로 인한 황폐화를 엄격히 금지하고 있다.

사막화에 대한 중국의 대응 중 특이한 점은 중국 정부의 단독적인 노력보다도 다른 국가들과 협력하여 진행하는 사막화 방지 사업들이 많다는 것이다. 몽골 역시도 다른 국가들과 협력을 통해 사막화 방지 사업을 진행하면 더욱 빠른 속도의 발전을 보일 수 있을 것이라고 예상된다. 또한 중국의 정부에서 발표한 사막화 방지 가이드라인을 모델 삼아 몽골에 도입한다면 좋은 효과를 볼 수 있을 것이다. 정부가 설정한 목표와 이를 달성하기 위한 자세한 방안을 명시하여 공개함으로써 국민들의 참여도 이끌어낼 수 있을 것으로 예상된다.

chapter2

마주하다,
몽골의 검은 그림자

Facing black shadow of Mongolia

It was morning that was especially undesired. Without time to adapt ourselves in Mongolia, we had hard schedule in first day, and that made us to feel worse. Nevertheless, getting ready to go out and checking the schedule, our mind was full of expectation in short time. The reason was, the second day had activities that explain why we have chosen Mongolia instead of other countries with desertification.

About two hours moving, the place we left yesterday night shown up. We were back at the Erdene afforestation projects. The view was same, but the difference was that the more number of Mongolian inhabitants were waiting for us. We guessed that they were here to help and teach us how to install Ger.

Our work for morning time was installing Ger. Ger is a traditional house of Mongolian, best house for nomadic life which is very easy to install and demolish. There were round boards laid, which will be a floor of the house before we arrived, we could think the rough size of the house. It seemed be an enough size for whole family to live, and the surprising part was, it only takes about 3 hours to build.

Without a time be surprised, residents were moving with holding the frame of the wall, and installing the door made by the slim tree named 'Han.' Our work was started by putting 'Han' in the right place and connect with the door. It was our first time to see the ger, but we tried our best. As we didn't know well about it, we just followed the way others do. After organizing the wall's frame, we put the long wood stick in the hole placed in the middle of the Ger. Putting in one by one, the roof's frame was soon completed.

When the total form of Ger was made up, the rest of the work was to wear the fabrics around the frame. For the rooftop, we wore the fabric once and to keep ger warm in the cold days, we drafted thick pelt, too. For the wall, till the part we can reach, we covered outside with pelt, and inside with cloth. Lastly,

일어나기 싫은 아침이었다. 몽골에 적응할 틈도 없이 닥쳐왔던 첫 날의 일정들 탓에 몸도, 마음도 지쳐있었던 동시에 이미 하루를 보낸 탓에 긴장이 완전히 풀려 버려서 힘든 아침이었다. 그래도 나갈 채비를 하면서 확인한 일정 덕에 금새 마음은 기대감으로 가득 찼다. 많은 나라들 중에서 우리가 몽골로 사막화 방지 활동을 오게 된 이유를 그대로 담고 있는 활동들이 기다리고 있었으니 말이다.

두 시간 동안 길을 개척하면서 달리다 보니 어느새 어제 저녁 떠나왔던 그 곳이 다시 보이기 시작했다. 다시 에르덴 조림 사업장으로 돌아온 것이다. 같은 모습이었지만, 다른 점이라면 더 많은 수의 몽골 주민분들이 우리를 기다리고 계셨다는 점이었다. 아무래도 가장 먼저 하게 될 일인 게르 설치를 지도해주시기 위해 오신 분들 같았다.

오늘 오전의 과제는 게르 설치였다. 게르는 몽골인들의 전통 가옥으로 유목생활을 위해 설치와 철거가 매우 편한 이동식 집이다. 우리가 도착하기 전에 집의 바닥이 될 둥그런 나무판자가 마련되어 있던 덕에 집의 크기를 대강 가늠해볼 수 있었는데, 평범한 가족이 집처럼 생활하기에 거뜬한 크기의 집을 불과 3시간이면 만들 수 있다는 점이 상당히 놀라웠다.

우리가 놀라고 신기해 할 틈도 없이 몽골 주민 분들은 문을 설치하시고서는 '한'이라고 부르는 가는 나무를 마름모꼴로 엮어 만든 벽의 뼈대를 들고 움직이고 계셨다. 그곳으로 가서 '한'을 올바른 위치에 이어지도록 세우며 문과 연결하는 것으로부터 우리의 작업은 시작되었다. 태어나서 어제 처음 본 게르지만, 우리는 최선을 다해 팔을 걷어붙이고 나섰다. 아무것도 모르면서 시키는 대로 따르는 것이 다였지만 말이다. 벽의 뼈대를 완성한 뒤에는 일정한 거리를 두고 기다란 나무 막대를 게르의 한 가운데에 설치했던 집의 기둥에 있는 구멍들에 꽂아 넣었다. 하나하나 꽂다 보니까 우산의 형색을 하고 있는 지붕의 뼈대까지 갖춰졌다.

게르의 전체적인 윤곽이 잡히자, 남은 일은 뼈대 안팎으로 천을 두르는 일이었다. 지붕은 먼저 천을 한 번 두르고 추위를 대비하여 양털을 누벼서

preparing for the climate changes, rain and snow, we covered waterproofing cloth all around the pelt, and that was the end. Different from the simple work before, it was a bit delicate work. It was hard to cover three-dimensional with flat cloth meticulously, but also covering with deliberation to block winds was also difficult to do. Anyway, as we cooperated, one ger was completed in short time.

It took short time than we expected to finish up. There was only round wood boards on floor when we first arrived, but walls, roof was made up rapidly, and cloth drafted soon. We was surprised about the change and the finished figure, and felt successful. At the same time, we felt sorry to the Mongolian, who are veteran, because they might took more time and feel tried to help, teach the students, and remedy the mistakes we have made.

After installation of ger was ended, we hung small pieces of wood with

Step 1 Hardening the ground and place the round wooden board for floor.

게르 짓기 1단계. 땅을 다져서 바닥이 될 둥근 나무 판 깔기.

만든 두꺼운 천인 펠트로 감쌌고, 벽은 손이 닿는 높이만큼 외부는 바로 펠트로 덮고 내부에는 천을 둘렀다. 마지막으로 비나 눈 등 기후 변화를 대비해서 펠트 위를 전체적으로 방수 천으로 다시 덮어 주면 완성이었다. 단순했던 전 단계에 비해서는 섬세한 작업이었다. 입체적인 모양의 집을 평면인 천으로 빈틈없이 덮는 일 자체도 힘들었지만, 추운 바람이 안으로 들어오지 않도록 꼼꼼하게 신경 써야 하는 부분이 많았으니 말이다. 그래도 모두가 협동하여 차근차근하다 보니까 게르 한 채가 뚝딱 완성되었다.

예상했던 시간보다 훨씬 적게 걸린 작업이었다. 처음 도착했을 때에는 둥근 나무 판만 바닥에 덩그러니 놓여 있었는데, 금새 벽이 만들어지고 지붕이 올라가고 천이 둘러지면서 완성된 모습으로 변하니까 놀랍고 뿌듯했다. 막상 끝내고 생각해보니 많이 미숙한 학생들이 이것저것 도와주려고 노력하다가 저지른 실수들을 베테랑인 몽골 분들이 고쳐주고 가르쳐주느라 더 오래 걸리고 힘드셨던 것 같아서 죄송한 마음도 들었다.

Step 2 Installing wall and door.　　　　　　게르 짓기 2단계. 벽과 문 설치하기.

Step 3 completing the basis by placing ribs
for roof.

게르 짓기 3단계. 지붕 살 꽂아서 토대 만들기.

Step 4 covering the substructure with wool.

게르 짓기 4단계. 완성된 뼈대에 양털을 누빈 펠트 두르기.

The completed Ger. 완성된 게르의 모습.

The completed Ger. 완성된 게르의 모습.

names and waited for lunch. Soon, we saw the children coming out of the house. Erdene afforestation projects are run by giving the right of projects to villages where environmental refugees are living. In other words, planting and caring the trees are their work and job. So, next to the projects, there are small village where the workers and their family members stay. They were so cute, so moved close to become intimate with them. Because the children felt shy and afraid of new people, they hid in the back, but as we tried our best with temptation of snacks we brought from Korea, they opened their mind. We enjoyed the time, playing together with them. It was time to get close with variety kinds of dogs and young sheep being cared in the village.

Played for a while, we moved inside of projects by the voice calling us to eat lunch. After having a lunch, which we are getting familiar, crude but full of sincerity, it was the most meaningful time, installing hydroponics machine.

Adorable kids met at the Erdene afforestation site.

에르덴 조림 사업장 앞에서 만날 수 있었던 귀여운 아이들.

게르 설치를 끝내고 동그란 나무 조각에 이름까지 적어 매단 뒤 점심을 기다리고 있는데, 하나 둘씩 집에서 나오기 시작한 아이들이 우리 눈에 들어왔다. 에르덴 조림 사업장은 환경 난민들이 모인 한 마을에게 사업장의 권한을 주는 형태로 운영이 된다. 나무를 심고 가꿔야 하는 사업장이 일종의 일자리인 것이다. 그렇기에 사업장 바로 앞에는 직원들이 가족들과 함께 살고 있는 작은 마을이 형성되어 있다. 너무나 귀여운 아이들의 모습에 우리는 친해지기 위해 다가갔다. 처음에는 궁금하지만 낯선 탓에 부끄러워 뒤로 숨던 아이들도 우리의 끈질긴 시도와 한국에서 가져온 과자들의 유혹을 못 이겨 결국에 마음을 열었다. 우리는 함께 뛰어 놀며 재미있는 시간을 보낼 수 있었다. 아이들뿐만 아니라 마을 사람들이 키우던 다양한 종류의 개들과 어린 양하고 친해질 수 있는 시간이었다.

노는 것도 잠시, 점심을 먹으러 모이라는 목소리에 우리는 아쉬움을 뒤로 한 채 조림 사업장 안으로 향했다. 조금씩 익숙해져 가는 투박하지만 정

Adorable dog met at the Erdene afforestation site.

에르덴 조림 사업장 앞에서 만날 수 있었던 활발한 개.

After completion of installing, we went to the inside of ger for the first time, and set all around stayed with satisfaction in cozy atmosphere than we expected.

Hydroponics machine was the idea of our senior which made up this volunteer project in Mongolia. After seeing the desertification of Mongolia, we thought the main reason of acceleration is Mongolian's eating habit, enjoying meat. For real, many people still think vegetable is a poor food, and also it's hard to cultivate because of weather and geographical features. Meat was essential for Mongolian to survive from cold winter, so they didn't worry about small amount of trees left, just done logging all over the ground. Especially goat, over all livestock, they eat up the grass and root too, it is the main reason of grassland destruction. So, it is serious part because of negative effects to desertification, but at the same time, dietary eating habits lead to unbalanced

Image of hydroponics.   수경 재배기의 모습.

성이 가득 담긴 점심을 먹고 나니 우리에게 가장 의미 있었던 수경 재배기 설치를 진행할 시간이 되었다. 수경 재배기를 완성한 이후 그제서야 처음 게르 내부에 들어가 본 우리는 예상했던 것보다 아늑한 느낌에 만족감을 나누면서 모여 앉았다.

수경 재배기는 사막화 방지 사업을 위해 처음 몽골로 향한 이번 봉사 활동을 이끈 선배의 아이디어였다. 몽골의 사막화를 보고 느끼면서 많은 원인들 중에 육식을 즐겨 먹는 식습관을 가속화하는 원인으로 꼽았던 것이다. 실제로 지금은 개선 중에 있을지언정 많은 사람들이 채소는 가난한 음식이라는 생각을 가지고 있었고, 지형과 기후 때문에 채소를 재배하기 어렵기도 했다. 추운 겨울을 나야 하는 이들에게 육류는 필수적이었던 탓에 별로 없는 나무들마저 벌목을 마다하지 않았다고 한다. 증가하는 가축들 중에 특히 염소는 풀을 뿌리까지 뽑아서 먹어버리기 때문에 초원을 파괴하는 주요 원인이라는 점에서 사막화에도 부정적인 영향을 주지만, 육류 위

After installing hydroponics inside the Ger.　　수경 재배기가 설치된 모습.

nutrition. That's why dietary eating habits are being such serious problem to Mongolia. Considering the circumstances of poor land and nomadic life of them, the conclusion was hydroponics machine. Because afforestation projects are always prepared water for underground water courses, we thought if it is located inside the ger, they could eat vegetables in winter. So, we decided to put inside the Ger.

The installation process was simple. Put one seed inside one piece of sponge, and put it to pre-built frame. Then, soak in water. That was all. With our wish, wanting them to eat vegetables steadily after we leave, made the process much simple. Hoping it to grow well and become a best food for residents, we filled up the frame. It was a hard time to persuade Mongolian with new kind of project, which was hydroponics machine; it was sad and worried that we are not able to see the result. Sure, after half year, we heard good news that they have success the cultivation many times, and our worries have changed to joy.

We finished the installation of hydroponics, we brought from Korea, before the dinner party, we had a short free time. At that time, we visited the region where desertification was going on. The first place we visited was 'Jong-meo-deu.' We were walking without a special explanation, and we was embarrassed with the explanation that at the region where we could see the tall trees growing up, is the place where desertification was happening. Unlike the name of desertification, it was first 'green' we met during the two days. The tall trees were gathered and we could see the pine cones growing up as we moved close to the trees.

Alike the sentence 'you can see as much as you know,' our feelings toward this area changed as we observed the trees in short distance and listened to explanations. Then, fancy outlook of trees were gone from our sight and only

주의 식습관은 영양 불균형을 초래해 몽골인들의 짧은 수명의 주요 원인이 되기도 하는 등 다방면에서 심각한 문제였다. 척박한 토지와 유목생활을 하는 이들의 사정을 고려하다 보니 도달한 결론이 수경 재배기였다. 조림 사업장은 지하수 수업을 하기 때문에 물이 항상 준비되어 있고, 게르 안에 위치하면 겨울에도 채소를 먹을 수 있을 것이라는 생각에 이렇게 조림 사업장 내부 게르 안에 설치하게 된 것이었다.

수경 재배기를 설치하는 과정은 간단했다. 스펀지 조각 하나에 씨앗을 하나씩 넣고서 미리 제작된 틀에 스펀지를 채워 물에 적시도록 하면 끝이었다. 우리가 한국으로 돌아간 뒤에도 꾸준하게 재배해서 드셨으면 하는 마음에 가장 간편화해서 만든 것이었다. 무럭무럭 자라 이 마을의 사람들에게 좋은 식재료가 되었으며 좋겠다는 마음으로 틀을 하나하나 채워갔다. 이 당시 몽골인들에게 생소한 수경 재배를 적극적인 설득을 통해서 실현시켰던 만큼, 그 결과를 보지 못하고 한국으로 돌아와야 한다는 점에서 걱정도 되고 아쉬움도 남았다. 반 년 후에 만나서 성공적으로 여러 번 재배를 해서 먹었다는 소식을 전해 듣고 걱정은 모두 뿌듯함으로 변했지만 말이다.

한국에서 가져 온 수경 재배기 설치를 모두 끝내고, 저녁 잔치 전의 짧은 자유 시간을 활용해서 우리는 사막화 진행 지역으로 견학을 갔다. 가장 먼저 간 곳은 '종모드'였다. 별다른 설명 없이 걸어가고 있었는데, 멀리서 보이는 제법 키가 큰 나무들이 자라있는 지역이 사막화 진행의 대표적인 지역인 종모드라는 설명에 당황했다. 사막화라는 이름과 어울리지 않게 이틀 만에 처음 보는 푸른색이었으니 말이다. 키가 큰 푸른 나무들이 모여 있었고, 가까이 갈수록 여기 저기 피어있는 솔방울들도 확인 할 수 있었다.

아는 만큼 보인다는 말처럼 가까이에서 다시 나무들을 관찰하고, 설명을 듣고 나니 화려하게만 보였던 모습은 온데간데없고 안쓰러운 모습만 눈에 들어왔다. 이유인 즉, 솔방울이 많이 맺힌 이유는 죽어가는 나무들이 마지막으로 최대한 많은 개체들을 번식하려는 본능에 따라서 일어난 현상이

the pathetic figure was left. The reason why there are many pine cones, dying trees were trying their best to reproduce more trees at last, and that showed up with peculiar phenomenon. And old trees' large roots came out from the ground and showed up. The ground with root coming out was changed into fine sand, and none of grasses were growing up in that place.

Also, the region's name 'Jong-meo-deu' has the meaning of 'place with many trees.' In the past, it was famous with dense trees that when they ride horse and pass by, the horse wasn't able to be shown by others. When we heard that story, it recalled that desertification is serious than we thought.

We sat on the tree trunk which is already come out so much that is being a chair to people. During the time, we heard and saw about desertification happening in Mongolia. First was 'point desertification.' The grassland we saw just in front where we sat was the place that point desertification was go-

The picture of 'Jong-meo-deu'. unlike the past when the trees were densely packed, it is now sparsely wooded.

종모드의 모습. 나무들도 빽빽했던 과거와는 다르게 듬성듬성 자리 잡고 있는 나무들을 만날 수 있었다.

며, 오래된 이 나무들의 커다란 뿌리는 이미 땅 밖으로 나와 그 모습을 드러내고 있었기 때문이다. 드러난 뿌리 주변의 땅은 이미 고운 모래로 변해 풀 한 포기 자라지 못하고 있었음은 물론이고 말이다.

또, 이 지역의 이름은 종모드는 '나무가 많은 곳'이라는 의미를 지니고 있다고 한다. 그 명성만큼 예전에는 말을 타고 지나가면 말이 보이지 않을 정도로 나무가 빽빽했다는 이야기를 듣자 사막화가 심각하게 진행되고 있음을 다시 한 번 상기하게 되었다.

이미 드러날 대로 드러나 의자의 역할을 하는 나무의 뿌리에 걸터앉아 우리는 몽골에서 진행되는 사막화에 대해 더 많은 것들을 보고 들을 수 있었다. 첫째는 점 사막화였다. 우리가 앉은 곳 바로 앞에서 보이는 초원이 바로 점 사막화가 진행되는 곳이었다. 점 사막화는 초원이 군데군데 국지적으로 사막이 되는 현상으로 사막화의 전표 지표라고 한다. 점 사막화가 진행되는 지역은 풀들이 듬성듬성 자리를 차지하고 있는 탓에 멀리서는 풀

Site of desertification progressing. roads indiscriminately formed on the plain, point desertification, and Jong-meo-deu are all shown.

사막화 진행 현장. 초원을 가로지르며 무작위로 나 있는 차량의 흔적과 가까이에서는 모래 반 풀 반이 점 사막화의 모습 그리고 멀리서 종모드까지 보인다.

ing along. 'Point desertification' is a status that meadow being desertification locally and sparsely. In a long distance it seems like a green meadow covered with grass all over, but when we move close, we could easily notice the brown ground showing up. We have seen many desertification situations in few days, but we thought it may be much graver than we expected.

Second sight was the road situated indiscriminately on the plains. Except the capital and some big cities, Mongolia has many towns keeping the nature's scene, so it's hard to find the roads for car. So, the cars have to make up the road to drive, and that's another factor that accelerates desertification. The reason is that it is hard for grasses to grow up on the road where it is made by cars. As the number of tourists and volunteers are increasing, the number of road is also increasing. It is irony that people came to help preventing desertification is making it to go off faster.

Third was a field of construction work. The construction was under way just next to Erdene afforestation project. The sand collected in this place has high quality so the construction was under way, but it was hard for us to understand the situation that they are destroying the land right in front of the project working for preventing and making up the desertification's damage. Even though Mongolia government knows the seriousness, but they allowed the construction. This scene made us to think that other factors, for example; economic, society and others are much important for government and they can't focus on only desertification.

When we came back to afforestation project, Marmot and Horqhog was waiting for us. Marmot is a dish made of goat, and it is called as original traditional food of Mongolia. The procedure of dish is so hard that it need expert if we want to try Marmot. It is cooked by the hot stones. It takes about three to four hours, which needs patience to eat, but as it is delicious and doesn't have

이 전체적으로 뒤덮인 푸른 초원처럼 보이지만, 몇 발짝만 다가가면 초록색보다 더 많이 보이는 황토색을 발견할 수 있다. 며칠을 돌아다니면서 몽골의 사막화를 목격해온 우리지만, 우리가 보고 느끼는 것보다 실상은 훨씬 심각한 상태가 아닐까라는 생각을 갖게 되었다.

두 번째는 평야를 가로지르며 무작위로 생겨있는 길들이었다. 수도 울란바토르를 포함한 몇 개의 도시를 제외하고는 아직 자연의 모습을 간직하고 있는 곳이 많아서 몽골의 곳곳에는 차가 다닐 수 있는 도로가 별도로 존재하지 않는다. 그렇기 때문에 차량들은 각자 자기만의 길을 개척하면서 다닐 수밖에 없는데, 이는 사막화를 가속시키는 요인이라고 한다. 차들이 지나간 자리에서 풀들이 자라나기 어렵기 때문이다. 관광객 수도 늘어나고, 자원 봉사를 위해 오는 사람들도 늘어나면서 길들이 더 많아지고 있어 심각한 상황이라고 하는데, 사막화 방지를 위해서 온 사람들이 그들도 모르게 사막화를 가속화시키고 있다는 상황이 아이러니할 따름이다.

세 번째는 공사 현장이었다. 에르덴 조림 사업장 바로 옆에서 공사가 진행되고 있었다. 이곳에서 채취하는 모래가 순도 높고 입자고 곱기에 상당히 좋은 가격을 받을 수 있어서 이루어지고 있는 공사라고 하지만, 사막화가 진행된 땅을 회복하기 위해 노력하고 있는 사업장 바로 옆에서 모래를 퍼가면서 땅을 훼손시키고 있는 모습은 몇 번을 다시 봐도 황당한 장면이었다. 몽골 정부가 사막화 문제를 인지하고 있음에도 불구하고, 이런 공사에는 허가를 내준 것처럼 아직까지는 경제, 사회, 정치 등 다른 요인들 때문에 사막화에 전념할 수만은 없음을 확연하게 보여주는 현장이었다.

조림 사업장으로 돌아온 우리를 기다리던 것은 버덕과 허르헉이었다. 버덕은 염소를 이용해서 만드는 요리로 몽골의 진정한 전통 음식으로 불리는 요리이다. 만드는 방법이 매우 까다로워서 전문적인 기술자가 있어야만 맛 볼 수 있는 특별한 요리로, 손질한 염소 안에 뜨겁게 달군 돌을 넣고 익히는 요리이다. 보통 세네 시간이나 걸려 인내심이 필요한 요리이지만, 맛이 좋고 특유의 노린내가 나지 않아 야외에서 외국인들에게 주로 대접하

bad smell. So, Marmot is best menu for the foreigner. Horqhog is a similar with Marmot, but it is a bit different. Horqhog is much easy to cook and it is made by lamb. This dish is cooked with hot stones, and it is believed that when we hold the stones used for cooking, it's good for blood pressure and heart. Before the dishes come, they gave us black stones for us, but it was so hot for us to hold, almost impossible to put on our hands.

As meat is so important for Mongolians to survive the hard environment, there were more typical foods called Buuz, Hushuur, and Bortz, along with the food we ate today. Buuz is similar dish with meat dumpling, and as Korean eat dumpling on New Year's day, Mongolians do, too. Hushuur is a fried dumpling, which is palm size. It is usually eaten at lunch time with tea, and they told us that Koreans prefer it. And last, Bortz is similar food with beef jerky, dried during winter, when spring comes they eat with tea or soup to sup-

We distributed story about the vegetables and added a brief explanation.
채소에 대한 소개가 담긴 책을 나누어 드리고 이에 관해서 설명을 해 주는 모습.

는 요리라고 한다. 허르헉은 버덕과 비슷한 요리이지만, 만들기 비교적 쉽고 양고기로 만든다는 점에서 차이가 있다. 자른 고기 조각들을 달군 돌과 함께 차곡차곡 넣고 익히는 요리인데, 요리가 끝나고 사용된 돌을 꺼내 손에 쥐고 있으면 혈압과 심장에 좋다고 여긴다고 한다. 우리에게도 음식이 나오기 전에 까만 돌을 쥐어 보라고 주셨는데, 그 때까지도 손에 쥐고 있기 힘들 정도로 뜨거웠다.

　몽골인들에게 육류는 혹독한 자연환경을 이겨낼 수 있도록 하는 매우 중요한 식량인 만큼 오늘 맛 본 요리들 외에도 보쯔, 호쇼르, 버르츠라고 불리는 대표적인 요리들이 있다고 한다. 보쯔는 고기만두와 비슷한 음식으로 한국에서도 그러듯이 설날에 빚어 먹는다고 한다. 호쇼르는 손바닥 만한 크기의 튀김 만두로 주로 점심 때 차와 함께 즐기는 음식이고 특히 한국인들이 선호하는 몽골 요리라고 한다. 마지막으로 버르츠는 육포와 비슷한 음식으로 겨울에 말려 봄이 되면 차에 넣어서 먹거나 국에 넣어 먹는 등 단

ply their protein.

We brought the picture book which is having story of how vegetables are going give positive effects with hydroponics machine, and the way to cook delicious food. The book was made in easy form and filled up with our wish that everyone who reads the book forget the negative thoughts about vegetable and improve the nutritional unbalance. After the short introduction and delivery of book, we were able to eat the food.

Even though we were leaving in two days, it was so thankful that they prepared the food in long time. In other hand, it was so sorry that we weren't eating well, because it was our first try of Mongolian food and it had disparate taste and smell. Also, it is a bit different story, when we saw the lamb dish, it was hard for us to eat, because the young sheep that we met few hours ago where in our mind. Nevertheless, we ate most fully than other meal we had in Mongolia, and came back to accommodations.

Back to our rooms, we gathered for the sake of environmental discussion without fail. Today, we talked about the urban poverty.

백질 공급원으로써의 중요한 역할을 한다고 한다.

수경재배기를 만들어 가면서 거기에 심을 채소를 먹으면 인체에 어떻게 좋은지 그리고 어떻게 요리해서 먹을 수 있는지가 알아보기 쉽게 그려진 그림 동화책을 함께 제작해서 가져갔다. 누구나 보기 쉽게 만들어서 어른들도, 아이들도 채소에 대한 부정적인 인식을 없애고 맛있게 즐기면서 먹어 영양 불균형이 개선되기를 바라는 마음에서 만든 책이었다. 간략한 소개와 함께 책을 전달 해준 뒤에야 우리는 눈앞의 음식들에 손을 댈 수 있었다.

에르덴 조림 사업장에 어제 도착해서 내일이면 떠날 우리들임에도 불구하고 시간과 정성을 들여서 좋은 음식을 만들어 주셔서 정말 감사했다. 그렇지만 몽골식 요리가 처음이었던 우리에게는 특유의 맛과 냄새가 이질적이었던 탓에 감사함을 느낀 만큼 충분히 먹지 못했던 점은 매우 죄송했다. 다른 이야기지만 양고기를 보자 몇 시간 전에 안고 놀던 어린 양이 아른거리는 바람에 먹지 못하기도 했다. 그럼에도 몽골에 도착해서 먹은 현지 식들 중에서는 가장 두둑하게 챙겨 먹고 숙소로 돌아갈 수 있었다.

숙소로 돌아온 우리는 오늘도 어김없이 환경 토론을 위해 모였다. 오늘은 도시 빈민을 중심으로 이야기를 나눴다.

Above all, poverty is generally defined as a condition of deficiency with lack of basic needs. Poverty can be classified into following three types according to the form of deficiency.

The first is absolute poverty (extreme poverty), a state which the basic need for survival is not fulfilled, like food, clothing and a place to live. In this case, there is chronic lack of nutrition, and the provision of education, health care, and medical care is not available as needed. The international society defines people who live below $1.25 a day as the absolute poor, accounting for about 20 percent of the world's population

The second is moderate poverty, when the basic need for survival is fulfilled, but just barely fulfilled. The international society defines modern poverty as who live less than two dollars a day, which occupies about half of the world population.

The third is relative poverty, a state when one possesses less compared to others under the same society. In other words, one is said to be relative poor when one does not reach the standard of living of the majority in a particular society. As this is the type of poverty which subjective viewpoint is intervened, this is the type of poverty that can be felt even to whom enjoy high quality of life. Therefore, absolute poverty and moderate poverty takes up majority in the developing world, whereas relative poverty is comparably prevalent in developed countries.

The indispensable report to the question of poverty, "World Development Report: Attacking Poverty" published by World Bank highlights the importance to look at the issues of inequality in society — economics, politics, history, culture — in order to grasp the full context of poverty.

This report explains the main causes of poverty as following: First, it is caused by the lack of income and assets. The presence of the decent job that

우선 빈곤이라는 것은 대체로 '기본적 욕구가 충족되지 못한 결핍 상태'라고 정의한다. 빈곤을 결핍의 정보에 따라 분류하면 다음과 같은 3가지 유형으로 구분할 수 있다.

첫 번째는 절대적 빈곤(Extreme or Absolute Poverty)으로, 의식주 등 생존을 위한 기본적 욕구가 충족되지 못하는 상태를 말한다. 이 경우 만성적인 영양부족이며 교육, 보건, 의료 그 무엇도 필요한 만큼 공급 받지를 못하는 상태이다. 국제 사회에서는 하루 1.25달러 이하의 소득으로 생활하는 사람들을 절대 빈곤층으로 정의하고 있는데, 전 세계 인구의 약 20%가 여기에 해당된다.

두 번째는 차상위빈곤(Moderate Poverty)으로 생존을 위한 기본적인 욕구는 충족하지만 가까스로 충족시키는 정도의 빈곤상태를 말한다. 하루 2달러이하의 소득으로 살아가는 사람들로 전 인구의 반절 정도에 달한다.

세 번째는 상대적 빈곤(Relative Poverty)으로 동일 사회에서 다른 사람과 비교하여 적게 가지는 것을 의미하며 특정 사회 구성원의 대다수가 누리는 생활수준에 못 미치는 생활을 말한다. 다른 유형들에 비해 주관적인 관점이 많이 개입되는 만큼 높은 삶의 질을 누리는 사람이더라도 충분히 느낄 수 있는 빈곤의 유형이다. 그런 만큼 개발도상국에서는 절대적 빈곤과 차상위 빈곤이 주를 이루지만, 선진국에서는 상대적 빈곤의 측면이 많다.

빈곤 문제에 있어서는 언급하지 않을 수 없는 세계은행의 세계개발보고서(World Development Report: Attacking Poverty)에서는 빈곤의 전체 맥락을 파악하기 위해서는 정치, 경제, 사회, 역사, 문화 등 인간 사회 다방면에서 발생하는 불평등 문제를 함께 봐야 함을 강조했다.

이 보고서에서는 빈곤의 주요 원인을 다음과 같이 설명하고 있다. 첫째, 소득과 자산의 부족으로 인해 발생한다. 안정적이고 필요한 수준의 수입을 올릴 수 있는 양질의 일자리가 있다면 빈곤에서 벗어날 수 있지만, 그렇지 않다면 자신과 가족의 교육, 건강 등에 투자를 적게 할 수 밖에 없게 되고 더욱 심화되는 빈곤에 처하게 되는 악순환에 빠지는 것이다. 인적, 천연,

can lead to a stable and necessary income will free one from poverty. However, otherwise one will end up in a vicious cycle of unavoidable small investment on education and health that puts one in even more extreme poverty. Besides, human capital, natural, physical, financial and social assets also exert a strong influence. The poor being in adverse condition for both the absolute and relative aspects on accumulation and accessibility of the assets bound them to become ingrained in poverty.

Second, poverty is caused by the inability to express one's need and arguments and the resulted helplessness. The poor are often less likely to deliver the needs to the nation compared to the wealthy and influential people. Furthermore, they often face discrimination against the application of the rule of law and protection from violence. These factors act as a burden to the poor people thus preventing them from improving the situation themselves.

Third, poverty is caused by vulnerability. Poor people are faced with relatively easy exposure to natural and man-made disasters due to economic difficulties. For those already under difficulties, this vulnerability inevitably leads to recovery and cure that requires considerable amount of time and resources, resulting in further exacerbating and sticking to poverty.

In the past, if poverty was merely a matter of material perspective, this report of World Bank has created a perception accepting poverty as a multi-dimensional concept encompassing social, educational, sanitary, physical, psychological, cultural, historical and political aspects.

The Millennium Development Goal aimed at combating poverty is the joint goal of the global community based on the 2000 UN Millennium Declaration adopted by Millennium Summit held by 189 countries to debate about the future and development in the face of new millennium.

MDGs presents 8 goals and 21 detailed targets for the international commu-

물리적, 금융 그리고 사회적 자산의 유무도 영향을 주는데, 빈곤층은 절대적인 측면 그리고 상대적인 측면 모두에서 자산의 축적과 접근성에서 불리하기 때문에 심화될 수 밖에 없는 입장이다.

둘째, 빈곤은 자신의 요구와 주장을 펼칠 수 없는 상황과 이로 인해 느끼는 무력함으로 인해 발생한다. 가난한 사람들은 부유하고 영향력 있는 사람들에 비해 요구를 국가에 전달하기 어렵고, 공정한 법의 적용과 폭력으로부터의 보호에 차별을 받는 경우가 종종 있다. 이런 점들은 가난한 사람들에게 부담 요인으로 작용하여 가난한 사람들 스스로 상황을 개선하는 데 걸림돌이 된다.

셋째, 빈곤은 취약성으로 인해 발생한다. 가난한 사람들은 경제적 어려움 등으로 자연재해나 인재에 비교적으로 쉽게 노출되는 환경에 처해 있다. 이미 어려운 형편에 놓인 사람들에게 이 취약성은 자원과 시간을 투입하는 피해 복구와 치료를 불가피하게 만들어 빈곤을 더욱 심화시키고 고착시키는 결과로 이어진다.

과거에는 빈곤이 단순히 물질적인 관점의 이야기였다면, 세계은행의 이 보고서 덕에 빈곤의 사회적, 교육적, 보건위생적, 물리적, 심리적, 문화적, 역사적, 정치적인 측면들을 모두 포괄하는 다차원적인 개념이라는 인식이 생겨나게 되었다. .

빈곤 퇴치를 위해 만들어진 새천년개발목표(Millennium Development Goals)는 전 세계 189개국 정상과 정부 대표들이 새로운 천 년을 맞이하여 인류의 미래와 개발의 방향에 대해 논의하기 위해 2000년 9월 UN 본부에서 개최한 천년정상회의에서 채택한 'UN 밀레니엄 선언'을 토대로 만들어진 국제사회 공동의 개발목표이다. MDGs는 2015년까지 국제사회가 교육, 보건, 양성평등, 환경 등의 분야에서 달성하여야 할 8개 목표와 21개 세부목표를 제시하고 있다. MDGs는 절대빈곤 및 기아퇴치, 보편적 초등교육 달성, 양성평등 및 여성권익 달성, 아동사망률 감소, 모성보건 향상, HIV/AIDS 말라리아 및 기타 각종 질병 퇴치, 지속가능한 환경보전, 개발을 위한 범지구

nity to achieve in the fields of education, health care, gender equality and environment by 2015. This goals and targets include eradicating absolute poverty and hunger, achieving universal primary education, promoting gender equality and women's rights, reducing child mortality, improving maternal health, eradication of various diseases including HIV/AIDS and malaria, maintaining sustainable environment conservation and building global partnership for development.

As MDGs met its deadline and terminated in 2015, a new global development goal was adopted in September 2015. The new agreement, Sustainable Development Goals (SDGs), maintained the core principles and values of MDGs, reflecting global environmental changes and new challenges in addition. 17 goals and 169 detailed targets were established, promoting six essential elements: dignity, people, prosperity, planet, justice and partnership. It also emphasized the importance of development support to fulfill the means. In particular, significance of ODA public funds and private investments along with the establishment of technology banks and mechanism of capacity buildings for the science and innovation was highlighted.

Appropriate support is also emerging as an important issue in the international community as urban poverty increases due to rapid urbanization in the developing country. Beginning in 2010, the urban population began to outpace the rural population worldwide, and especially the urban concentration in developing countries became main contributors of social problems such as urban poverty and unemployment. The general or shared definition of urban poverty does not exist, and it is no more than a concept representing the characteristics of the poor in urban areas depending on the circumstances of each country. The derived problems are classified into vulnerability to external shock － such as unemployment, lack of income, and economic crisis－ and poor housing

적 파트너십 구축 등 8개 목표와 21개의 세부 목표를 가지고 있다.

2000년에 수립된 MDGs의 달성 시한이 2015년으로 종료되면서 이를 잇는 새로운 글로벌 개발목표로 2015년 9월 합의되었다. Post-2015는 MDGs의 핵심 원칙과 가치를 유지하되, 글로벌 환경변화와 새로운 도전과제를 반영하여 '지속가능한발전목표(SDGs)'를 사용하게 되었다. 존엄(dignity), 사람(people), 번영(prosperity), 환경(planet), 정의(justice), 파트너십(partnership)의 6가지 필수 요소가 반영된 17개의 지속가능발전 목표(Goals)와 169개의 세부목표(Targets)가 수립되었다. 또한 이행수단으로 목표달성을 위해 개발지원의 중요성을 강조하였으며, 특히 ODA 공적 자금 및 민간재원투자의 중요성과 기술, 과학, 혁신 등 최빈국을 위한 기술 은행 및 역량구축 매커니즘 설립 등을 강조하고 있다.

도시빈민이 개도국의 급속한 도시화 진행으로 인해 증가함에 따라 적절한 지원 역시 국제사회에서 중요한 이슈로 부각되고 있다. 2010년을 기점으로 세계 도시인구가 농촌 인구를 앞서기 시작했고, 특히 개발도상국의 도시 집중화 현상은 도시빈곤, 도시실업 등 사회문제의 원인이 되었다. 도시빈민과 도시빈곤에 대한 일반적인 정의는 존재하지 않으며 각국의 상황에 따라 도시지역에 거주하는 빈곤층의 특성을 나타내는 개념이다. 도시빈민과 도시 빈곤의 문제는 일자리, 소득원의 부재, 경제위기 등 외부 충격에 대한 취약성, 빈약한 주거환경문제 등으로 구분되고, 이러한 문제에 대한 공적 조치는 사회부조, 사회보험, 노동시장정책 등으로 표현된다. 이러한 맥락에서 개도국 사회보호, 사회 안전망 체계 구축, 빈곤층, 여성 및 사회 소외계층의 노동시장 참여 등이 도시빈곤 해소를 위한 주요 정책 과제로 제안되고 있다.

도시빈민 지원 관련 공여기관의 사업들을 살펴보자면, 우선 세계은행은 도시지역 빈곤층을 위한 프로젝트 수행과 사회개발펀드를 통해 NGO 사업의 재원을 제공하는 형태로 진행한다. 아시아개발은행은 도시 빈곤감소를 위한 기금 지원, 자체 프로젝트, 기술협력 등을 실시하며, 국제노동기구는

conditions. The public actions on such issues are social assistance, social insurance and labor market policies. In this context, social protection, organizing social safety net, participation in the labor market of unprivileged social class is being proposed as a major policy task in eliminating urban poverty.

World Bank is one representative organization progressing projects to improve urban poverty. World Bank helps through projects targeted at urban poor class and providing resources for NGOS through social development funds. Asian Development Bank has lunched funds, its own projects and technological cooperation whereas International Labour Organization (ILO) focuses on research and projects linked to decent job creation with other international organizations. Some effective support for urban poverty includes vocational training aimed at independence of the poor, stable cash transfer program, public work that provides a portion of the job created from constructing city's infrastructure to underprivileged, like women, senior citizens and disabled, providing rest area and stable housing for successful resettlement.

Since the opening of the market in the early 1990s, Mongolia has achieved rapid economic growth through trade and experts with other countries. Currently, the vast majority of the national income is secured through export of underground resources. The per-capita income now stands at $3,843, remaining at the level of middle and low income countries. Still, this is very high compared to the past and to leading countries of South-East Asia, such as Vietnam, Philippines and Indonesia. As the economy grew, rural people and nomads naturally migrated to the cities looking for better jobs and educational opportunities. This excessive rush to the city accompanied by the sudden rise in national income led to emergence of urban poverty problems.

Like this, urban poverty is intimately related to urbanization. Urbanization is principally an essential process in establishing a capitalist society. Among the

타 국제기구와 함께 괜찮은 일자리 창출 사업과 연계된 방안 연구에 주력하고 있다. 도시빈민에 대한 효과적인 지원 사업 부문으로는 도시빈민 가구의 자립을 목표로 한 직업훈련 연계 현금이전 프로그램, 도시 인프라 건설 시 창출되는 일자리의 일정 부분을 여성, 노인, 근로가 가능한 장애인과 같은 취약 소외계층에게 제공하는 공공근로 일자리 사업, 도시빈민, 소외계층을 위한 쉼터 운영이나 재정착을 위한 안정적인 주거지를 제공하는 프로그램 등을 꼽을 수 있다.

몽골의 경우 1990년대 초부터 시장을 개방을 하면서 다른 나라와의 무역과 수출을 통해 빠른 경제 성장을 이루고 있다. 몽골에서는 지하자원의 수출을 통해 국가의 소득의 대부분을 확보하고 있다. 하지만 현재 1인당 국민소득이 3,843달러에 그치며 아직은 중저소득국의 수준에 머문다. 그러나 예전과 비교하면 이는 매우 높아진 수준이며 동남아의 주요 국가인 필리핀, 인도네시아, 그리고 베트남보다도 높은 편이다. 이렇게 경제가 성장함에 따라 시골 사람들이나 유목민들은 자연스레 더 나은 일자리와 교육의 기회를 찾아 도시로의 이동하게 되었다. 그렇게 사람들이 과도하게 도시로 몰리고 국민 소득이 갑작스레 상승하면서 도시 빈민 문제가 나타나게 된 것이다.

이처럼 도시빈민은 도시화 현상과 밀접한 관계를 맺고 있다. 도시화는 주로 자본주의 사회를 성립하는 데에 있어서 필수적인 과정이다. 몽골은 뒤늦게 자본주의 사회 형성에 뛰어들면서 여러 가지 문제들을 겪고 있는데 그 중에서도 도시빈민은 특히 심각한 문제로 대두되고 있다. 구체적인 예를 하나 들자면 수도인 울란바토르에서는 산업화가 진행되면서 아파트나 단독주책의 공급이 늘어나는 추세임에도 아직 60% 이상이 게르나 나무집을 짓고 힘들게 살아가고 있다고 한다. 아직도 절반 이상이 제대로 갖추어진 공간 없이 살아가고 있는 것이다.

도시화가 진행됨에 따라 빈민촌처럼 형성된 게르 주거 지역은 나무 담장 안에 게르와 목조 가옥이 세워져 있는 구조이다. 상하 수도와 난방, 전

series of problems Mongolia is experiencing by forming capitalist society belatedly, the urban poverty is especially problematic. For example, in Ulaanbaatarr, the capital city, where the industrialization proceeds to increase the supply of apartments and single houses, more than 60 percent of the population is still struggling in ger and tree house. This means that more than half of them are still without proper living spaces.

The Ger district, a slum resulting from urbanization, is structured as ger and wooden house surrounded by wooden fence. The water, heating and electricity supply are uneven and sanitation, environmental and public safety problems are also serious. The problems of this Ger district can be sum up to seven main tasks: education, medical care, parks, water supply, sewerage system, heating supplies and waste disposal.

Due to the rapid population growth, the education facilities are particularly scarce. In fact, 40~50 students are assigned to one class on average so that it is common to see three people share one desk. According to the research conducted by the World Bank, the stability of the roads and traffic can't be simply ignored since more than half of the children walk for an hour or take a bus to reach school. Also, the National Statistical Office reported that 90 percent of the students who dropped out of school are from the ger district. This is solely due to poverty, as they have to work and earn money instead of studying.

Health care facilities are severely falling short. To briefly explain the medical system in Mongolia, there is one health center in every town and one hospital for each village. Considering the fact that the average population of one town is 6,000 to 10,000, it is quite poor for one town to rely on only one health center with single doctor and single nurse.

Due to the poorly progressed urban planning, the number of parks did not meet the basic standard. Actually, it is fifteen times less than the international

기 공급이 원활하지 않고 공중위생, 환경, 치안 문제 역시 심각하다. 이렇듯 몽골의 빈민 지역은 크게 7가지의 과제를 마주하고 있다고 요약할 수 있다. 교육, 의료, 공원, 상수도, 화수도, 난방 시설과 쓰레기 처리가 그들이다.

급속한 인구 증가로 인해 특히 게르 지역의 교육 시설이 매우 부족한 상태이다. 부득이하게 한 반에 40-50명의 학생들이 평균적으로 배정 받는 바람에 한 책상을 3명이서 같이 사용하는 경우를 흔히 볼 수 있다. 세계은행의 연구에 따르면 게르 지역의 아이들 반절 이상은 학교에서 1시간 정도를 걸어서 다니거나 버스를 타고 다니기 때문에 도로와 교통의 안정성 문제도 무시할 수 없다고 한다. 또한, 2012년 중퇴를 한 학생들의 90%는 게르 지역의 아이들이라는 통계청의 보고가 있었다. 빈곤이 그 주요 이유인데, 공부 대신 비공식적인 아르바이트를 하는 셈이라고 한다.

의료 시설 역시 크게 부족한 상태이다. 몽골의 의료 시스템을 간략히 설명하자면, 동네 마다 하나의 의료 보건 센터가 그리고 구마다 하나의 병원이 있는 셈이다. 게르 지역 한 동네의 평균 인구가 6000-10000명인 점을 고려하면 의사 한 명 간호사 한 명이 운영하는 의료 보건 센터 하나에 모두 의존해야 하는 것은 상당히 열악한 환경이다.

도시 계획 정책을 제대로 실행하지 못한 탓에 공원이 정량에 맞춰서 조성되지 못하였다. 국제 표준 보다 15배 적은 정도이며, 전체 면적의 60%를 사용하는 게르 지역에는 공원이 하나도 없는 상황이다. 그럼에도 인구 이주는 체계도 없이 지속적이고, 게르 지역의 확장과 건물 건설은 끊임없이 계속되면서 녹지 지역의 자체도 많이 축소되었다. 공기의 질을 높이고, 토양을 깨끗이 하고, 먼지와 매연을 흡수하는 녹지 지역을 만들지는 못할 망정 되려 없애고 아파트를 올리는 현실은 분명히 개선되어야 한다.

게르 지역은 아직도 공공 상수도 시설에 연결되지 못한 상태로, 공동체에 있는 우물을 사용한다고 한다. 1인당 평균 6-7L의 물을 소비하는데, 1L당 2투그릭(1원) 정도라고 한다. 화장실의 경우 2-3m의 작은 구멍을 파서

standard, even worse there is no single park in the ger district which takes up about 60% of the total area. Nevertheless, the unstructured migration is unabated, resulting continuous expanding of the district and construction of buildings which eventually invaded and took away the green area. The current situation of rather increasing high apartments when facing necessity to improve quality of air, clean the soil and create green area that absorbs dust and smoke needs to be improved.

The Ger district is still unconnected to the public water supply facilities, inevitably using the wells in the community. The average amount of water consumed by individual is 6~7L on average with each liter costing 2 tugriks. They dig a small hole of 2~3 meters and small warehouse to serve as a toilet. The downside to this system is the inconvenience as being apart from the house and vulnerable sanitation. Furthermore, this contaminated the water underground, affecting the quality of service water.

In case of heating, the district is using a stove, causing serious problems as a main factor of air pollution. Generally speaking, coal is usually used as a heat source. However, coal worth of 500,000 Tugrik is required on average whereas the income throughout the district barely exceeds 200,000 Tugrik. Due to the lack of economic affordability, the use of coal of poor quality and rubber tires in place of trash was inevitable. This eventually led to dishonoring reputation of world's second air polluted city.

Once a month, government official visits the district to collect garbage. In particular, during winter when the stove is frequently used, the amount of accumulated ash is fay beyond the affordability of a month such that the inhabitants can't help throwing into a ditch or alley. According to the research conducted by the city's urban planning agency, nearly 42% of the city's population is getting rid of the trash illegally without payment, which is one of the

작은 곳간을 짓고 화장실로 자용한다고 한다. 집 밖에 있어 사용하기가 불편하고 위생 역시 취약하다는 단점이 있다. 또한 이처럼 땅에 구멍을 판 화장실은 지하 깊숙이 있는 물을 오염시켜 상수 품질에 악영향을 미치고 있다.

난방의 경우 게르 지역은 난로를 이용해 해결하고 있는데, 이는 대기오염의 주 원인이 되어 심각한 문제를 발생시키고 있다. 난로를 피울 때 보통 석탄을 주로 사용하는데, 게르 지역의 평균 소득은 이십만 투그릭이 넘지 않지만, 평균적으로 한 달에 5십만 투그릭의 석탄을 필요로 한다고 한다. 이를 감당한 경제적인 여력이 안 되기 때문에 질 낮은 석탄을 사용하고 고무타이어 등의 쓰레기를 대신 태우면서 세계 대기오염 도시 2위라는 불명예까지 얻게 된 것이다.

한 달에 한번, 구청에서 게르 지역에 방문해 쓰레기를 적재해 간다. 특히 겨울에 난로를 많이 피울 때 난로에서 많은 재들이 나오는데 한 달에 한 번만 오는 탓에 계속해서 쌓이는 쓰레기들을 감당할 수 없어 도랑이나 골목에 버리게 된다고 한다. 울란바토르 시청 내 도시 계획청의 연구에 따르면 약 42% 정도가 쓰레기 비를 지불하지 않고 불법으로 다른 곳에 처리하고 있다고 하는데, 이는 환경 오염이 날이 갈수록 심각해지는 이유 중 하나이다.

도시빈민은 선진국이든 개발도상국 존재하기 마련인 고질병 같은 존재이다. 그렇지만 유독 몽골에서 이렇게 심각하게 진행되고 있는 이유는 무엇일까? 그리고 왜 유목민들은 도시로 모여 빈민층을 이룰 수 밖에 없었을까? 그 이유는 완벽한 준비나 마땅한 대척도 없이 이루어진 산업 개발 때문이라고 할 수 있다. 전통적으로 유목 사회였기에 대대로 유목을 하면서 살아왔다. 그렇지만 산업 개발이라는 명목으로 유목민들에게는 필수적인 나무들 없면서 지난 20년 사이에 1200개의 호수와 900개의 강이 사라졌다고 한다. 아무것도 알지 못하는 무고한 유목민들이 그 피해를 온 몸으로 느끼면서 이런 선택을 할 수 밖에 없었던 것이다. 먹고 살 길이 없었기에

reasons why environmental pollution is getting worse.

The urban poverty is chronic disease that exists in every country, both developing and developed. Then, why is this happening so seriously in Mongolia? Why did the nomads have no choice but to gather into the city forming districts? The answer for this is that the industrial development was progressed without complete preparation or adequate countermeasures. Being traditionally a nomadic society, the descents naturally followed the nomadic life. However, in the name of industrial development, woods, which are essential for nomadic life, has been eliminated along with 1,200 lakes and 900 rivers during the recent 20 years. The innocent nomadic people had to make such choices, experiencing the damage with heads and ears. To sustain their lives, they migrated to the city to find jobs, but had no option but to become part urban poor, confineg oneself to Ulaanbaatar.

Finding a job for migrated nomads is not an easy matter. They are more often than not mired in poverty and frustration. There is also considerable number of nomads who gets addicted to alcoholism under this harsh environment. Suffering from alcoholic poisoning makes it hard for one to control oneself and make rational decisions, which winds up in domestic violence, family breakdown, homelessness and begging. In this way, the rapidly expanding urban population is exposed to crimes and unsanitary conditions at all times.

The formation of urban poverty is also closely related to desertification. Desertification happening over more than 70 percent of the land is wreaking havoc on the nomads. There are indeed some who is accumulating wealth after successfully adapting to the market economy newly introduced 1992, but the majority of the households choose to give up past lifestyle and move to cities, finding it impossible to fulfill family responsibility by nomadism. In addition, there are also cases of migration against one's will after losing livestock due to

일자리를 구하기 위해 도시로 이동했고, 그 도시라는 울타리 내에서 도시 빈민이 될 수 밖에 없었던 것이다.

도시로 편입된 유목민들은 직업을 구하기가 쉽지 않아 가난과 좌절에 빠지게 된다. 이런 열악한 환경 속에서 알코올 중독에 빠져드는 유목민들 또한 적지 않다고 한다. 알코올 중독을 앓는 경우 자기 자신을 통제하지 못하며 올바른 사고가 어려워 지는데, 이는 가정 폭력으로 이어지는 경우가 많아 가정 파탄, 노숙, 구걸로 낙착되기도 한다. 이렇듯 급속히 팽창하는 도시 빈민층은 온갖 범죄와 비위생적인 환경에 상시 노출되어 있는 것이다.

도시 빈민의 형성은 사막화 현상과도 밀접하게 관련되어 있다. 몽골의 70% 이상의 땅을 점령 중인 사막화는 고스란히 유목민들에게 피해를 안겨주고 있다. 물론 유목민들 중에는 1992년부터 도입된 시장경제체제에 성공적으로 적응하여 부를 쌓아 가는 사람들도 있지만, 대다수가 유목만으로는 교육을 비롯한 가족 부양이 어려워 이를 포기하고 다른 생업을 찾아 도시로 이주하는 길을 택한다. 이 외에도 자연재해로 인해서 가축을 잃고 타의적으로 도시로 이주하게 되는 경우도 허다하다고 한다.

염소를 담보로 한 유목민들의 과도한 대출도 도시빈민의 원인으로 거론되고 있다. 2007년까지 국제 경제가 호황기를 보내면서 고급 원단이 캐시미어의 수요가 가파르게 올라갔다. 국제 가격이 오르자 몽골 은행은 가축을 담보로 가구당 2-3백만원씩 대출을 내주었고, 유목민들은 이 돈으로 가축을 늘리거나 고가품인 오토바이나 전자제품을 사들였다. 당시에는 2-3%의 이자는 전혀 문제되지 않았지만, 2008년 서브프라임 모기지사태, 일명 대공황이 찾아오면서 금융 위기가 전세계를 휩쓸자 캐시미어 가격도 타격을 입었다. 캐시미어 거품은 꺼졌고, 은행은 대출금을 회수하기 위해 담보로 잡은 가축을 처분했다. 압류된 가축의 공급이 증가하자 가격은 폭락했고, 유목민들은 이자와 원금 상황이 불가능해져 주거지마저 빼앗기게 되었다. 한 순간에 생활터전을 잃어버린 이들은 도시로 흘러와 막노동꾼이

natural disasters.

Excessive loans in security for goats are also cited as the cause of urban poverty. As the international economy boomed up to the year 2007, the demand of the luxurious cashmere rapidly increased. As the international price rose, the bank extended loans to $1,500~$2,500 per household in hold for livestock and the nomads used this money to purchase more livestock or costly electric appliances and motorcycle. At that time, the two to three percent interest was nothing, but the hit of subprime mortgage crisis in 2008, namely Great Depression, the price of cashmere was also hit hard. The cashmere bubble went off, and the bank disposed secured livestock as collateral for the loan. As the distrained livestock appeared on market increasing the overall supply, the price plummeted and the nomads even lost their homes because of the lack of ability to repay principal and interest. These people who lost their homes in a moment were forced to do manual labor in the cities or to do moonlight flit with cancelled resident helplessly wandering the city.

Worst of all, the problems above are all resent in the progressive form. The nomads are still gathering to Ulaanbaatar whereas the Ger district continues to extend covering up to the other side of the mountain. Unless the reason for the nomad's migration is solved, the Ger district will continue to expand and perhaps we may not be able to face any nomads, nowhere on the vast Mongolian territory.

되기도 했고, 빚에 시달리던 많은 이들이 야반도주를 하여 주민등록도 말소된 채 도시 빈민으로 이곳 저곳을 떠돌고 있는 것이다.

무엇보다 심각한 점은 위의 문제들이 모두 현재 진행형이라는 점에 있다. 유목민들은 지금도 울란바토르로 모이고 있으며 게르촌은 확대되어 산의 정상을 넘어 반대편 간 등성이까지 뒤덮고 있다. 유목민들이 울란바토르로 올 수밖에 없는 이유가 해결되지 않는 이상, 게르촌은 계속 확대될 것이며 어쩌면 몽골의 광활한 영토 어디에서도 유목민을 마주할 수 없어질지도 모른다.

Two of the organizations that strive to improve the urban poverty of Mongolia are 'Good Neighbors' and 'Africa Asia Development Relief Foundation (ADRF)'.

To help improve the lives of inhabitants suffering from the severe urban poverty, the international relief and development organization NGO Good Neighbors is on its way of support. It started with establishing a local social enterprise named 'Good sharing', being first to supply 'G-saver', an eco-friendly heating system. This is the representative appropriate technology that Korea designed to solve the poverty in Mongolia.

Many countries around the world are suffering from climate change. Mongolia is also one of them undergoing drastic climate changes since 2000. The average winter temperature of Mongolia is 30 degrees Celsius below zero; and at night it goes as low as 40 degrees Celsius below zero. To survive from this extreme cold, the inhabitants use heating for nine month of a year. The heating cost act as a large burden to the households. Moreover, the use of coal for heating also exercise a ban influence upon air pollution and climate change. In this situation, the supply of G-saver, based on the Korean floor heating system, ondol, helped increase the economic efficiency. According to the self-survey for 2,562 households in 2013, the use of G-saver saves each 40% and 20% of the heating cost when used with traditional stove and improved heating system. This result is that if one buys G-saver for $15~25, one can economize $250~350 a year, and $800~1000 in three years.

This supply of G-saver not only helps reduce the cost of living, but also provides jobs to the local residents, encouraging economic independence. This project is highly evaluated not just for the quantitative aspect of creating job, but in terms of qualitative aspect of the development and growth of employee

몽골의 도시빈민 개선을 위한 노력을 하는 단체로는 크게 굿 네이버스와 아프리카 아시아 난민 교육 후원회을 들 수 있다.

몽골의 심각한 도시 빈민 문제 속 허덕이는 주민들의 생활을 개선하는 데에 도움을 주기 위해, 한국 국제구호개발NGO인 '굿네이버스'가 노력 중이다. 굿네이버스는 '굿쉐어링(good sharing)'의 이름의 사회적 기업을 현지에 설립하여, 친환경 난방 장치인 '지세이버(G-saver)' 보급 사업을 처음으로 시작하였다. 지세이버는 몽골의 빈민 해결을 위해 우리나라가 고안한 적정 기술이다.

전 세계적으로 많은 국가들이 기후 변화 때문에 허덕이고 있다. 몽골도 역시 그 중 하나로, 2000년대에 들어서고부터 급작스러운 기후변화를 맞이했다. 몽골의 겨울 평균 기온은 −20도이고, 밤이 되면 −40도까지 내려간다. 이 엄청난 추위로부터 벗어나 살아남기 위해 몽골 주민들은 1년 중 9개월동안 난방을 사용한다고 한다. 이로 인해 발생하는 난방비는 몽골인들의 가정생활에 큰 타격을 주고 있다. 또한 도시빈민들의 주로 석탄을 사용해 난방을 떼기 때문에 대기오염과 기후변화에도 악영향을 주고 있다. 여기에 한국의 온돌 장치를 기반으로 개발된 지세이버의 보급을 통해, 몽골인들의 경제적 효율성을 높일 수 있었다. 2013년에 2,562 가구를 대상으로 실시된 굿네이버스 자체 설문조사에 따르면, 지세이버를 전통난로와 함께 사용할 시엔 난방비의 40%가 절감하고, 개선된 난방과 함께 사용할 시에는 20%가 감소하는 것으로 나타났다. 이 결과는 몽골인이 2-3만원의 돈으로 지세이버를 구입하면, 1년을 지내면서는 30-40만원 정도를, 3년이면 90-120만원의 돈을 절약할 수 있는 것이라고 한다.

사회적 기업인 '굿 쉐어링'에서는 지세이버 보급을 통한 몽골인들의 생활비 절감 외에도, 현지인들에게 일자리를 제공하여 경제적 자립을 돕고 있다. 이 사업은 단순히 일자리 창출이라는 양적인 측면만이 아닌, 직원 개인의 발전과 성장의 질적인 측면에서도 우수하게 평가되고 있다. 처

personnel. At first, the local employees were limited with tasks such as cleaning and assisting secretarial work, but now they are capable of managing planning, administration, accounting, and marketing trough self−improvement and business education training system. As explained, through the active participation of employees, the Good Sharing is being recognized for social enterprise advancing with local residents playing the main role and for contributing much to solving the urban poverty problem of Mongolia.

Although economic aid is desperately needed to solve the poverty, it is vital that the growing children to be properly trained, enough to get a job in the future. Starting from this perspective, ADRF is actively working in Mongolia, Kenya and Indonesia.

The ADRF, which has been operating preschool and academy in Danghae, Ulaanbaatar since 2000, has opened 'ADRF Hope Classroom' in Chingeltei district in September 2011. This Hope Classroom focuses on teaching history and environment through humanistic education and experience education, and also supports means and regular health checkups.

At present, about 100 children from Chingeltei district are educated in the classroom every day from Monday to Friday. Most of the household in this area is said to be in poor conditions with monthly income estimated to be 200,000~300,000 Tugrik (about $150,000~ $250,000). Furthermore, more than 40 percent of children in this area are single parents, and most parents are working, possibly dual income. Thus, most of the children grow under absence of parental need to concern and care about education. So, it is every day for children to wander about the streets or wait idly at home until their parent returns. Children living in Ger do not have stable supply of electricity, so they do not have environment to study or do homework at night. For these children, the ADRF Hope Classroom complements school education with extra mathemat-

음에는 청소, 사무 일 보조 등의 일을 맡을 수 있도록 했지만, 지금은 자기계발과 기업의 교육 프로그램 등을 통해, 기획, 행정, 회계, 마케팅 등의 분야에서 경영을 담당할 수 있을 만큼의 역량을 키우고 있다. 이처럼 굿쉐어링은 직원들의 능동적인 참여를 통해, 지역민이 주체가 되어 성장하는 사회적 기업으로 새롭게 성장하고 있으며 이를 통해 몽골의 도시빈민 문제가 완전히 해결되는 것은 아니지만 해결 과정에 많은 기여를 하고 있다.

빈민을 해결하기 위해서는 경제적인 지원도 절대적으로 필요하지만, 한창 자라나는 아이들이 나중에 일자리를 가질 수 있도록 교육을 실시하는 것도 매우 중요하다. 이 생각에서 출발한 것이 ADRF(아프리카 아시아 난민교육후원회)라는 단체로 몽골, 케냐, 인도네시아 등에서 활발하게 활동 중이다.

2000년부터 몽골 올란바타르 다르이히 지역에서 유치원 및 공부방 사업을 진행해온 ADRF는 2011년 9월에 칭길테 지역에 'ADRF 희망교실'을 것을 개설하였다. 희망교실은 아이들에게 인성교육과 다양한 체험학습 등을 통한 역사와 환경에 대한 학습을 중심적으로 하고 있으며 급식과 정기적인 건강검진도 함께 지원해주고 있다.

현재 칭길테 지역에서는 월요일부터 금요일까지 매일 약 100여명의 아이들이 희망교실에서 교육을 받고 있다. 이 지역 대부분의 가정 월수입은 20~30만 투그릭(약 18만 원 ~ 28만원) 정도로 매우 어려운 형편이라고 볼 수 있다. 또한 칭길테 지역의 아이들 40% 이상이 한부모 가족이고 대부분의 부모들이 맞벌이를 하고 있다 보니 아이들의 교육에 신경 써주고 세심하게 챙겨줄 부모의 부재 아래 생활하는 아이들이 대부분이다. 그렇다 보니 늦은 시간에 부모가 집으로 돌아올 때까지 거리를 배회하거나 집에서 무료하게 시간을 보내는 것이 일상이며, 게르에서 생활하는 이들은 전기 공급도 원활하지 않아 밤에 공부나 숙제를 할 수 있는 환경이 마련되지 않는다고 한다. 이러한 아이들을 위해 ADRF 희망교실에서는 수학, 영어,

ics, English, art, music and PE classes together with Korean classes, a language now in spotlight. Through this, the Classroom is helping children gain competence in society.

예체능 교육으로 학교 교육을 보완하고 몽골에서 각광받고 있는 한국어 수업을 주관함으로써 아이들이 사회에 나가 경쟁력을 가질 수 있도록 돕고 있다.

chapter3

나누다,
몽골을 위한 마음

Сайн байна уу, Mongolia

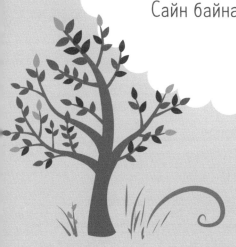

We were especially busy that day because we had to pack up to go back to our home. We went to Erdene afforestation establishment as soon as all of us got on the car. We visited there continuously for three days so we said hello to people naturally and took the buckets for volunteer activity.

I wanted to finish watering quickly before the sunbeam penetrates our skin so I sent a kind of look to the members of volunteer activity. But the urgent mind disappeared and the expectant feeling got over me when other members told us that we are going to volunteer with other local teenagers. Only then I realized that the car carried us was gone and found that there were more buckets than before.

After a while, the car came back and five boys who looked like elementary kids got out. I said hello to them worrying that they would feel very tired with hard works because they were smaller and younger than I thought. But my first impression of them was wrong, they were actually middle school kids which means that they were similar age with us. Moreover, they said that they sometimes come to volunteer to this afforestation establishment when they have nothing to do. This time, they came because they were accepted in order of application in their school.

One of the most impressive facts is that one of the kids had a k-pop idol group name written on his cap. I felt the sensation of k-pop few days ago while watching TV, but I never thought of that I would accidently find one of the k-pop group names on a foreign kid's cap. Forgetting our duties, we felt the sense of closeness and had conversation about 'EXO.' The other members told us to work so we walked to give water holding the buckets on both hand.

The kids were already carrying the buckets full of water showing that it wasn't the first time for them doing this volunteer activity. It was truly amazing that they were competing with each other for who carries more buckets.

몽골에 도착하고 3일간 묵었던 숙소에서의 마지막 아침이었던 탓에 짐을 싸서 나오느라 전날들에 비해 바쁜 아침을 보냈다. 차에 탑승하자 어김없이 에르덴 조림 사업장으로 향했다. 3일을 연이어 방문하고 있는 탓에 어느새 익숙해진 우리는 자연스럽게 조림 사업장으로 들어가 인사를 나누고 짐을 푼 뒤 봉사활동을 위한 양동이를 챙기러 갔다.

해가 쨍쨍하기 전에 얼른 가서 물 주기를 끝내고 싶은 마음에 빨리 가자는 눈길로 단원들과 선생님을 쳐다보았다. 하지만 단원 분들이 오늘은 현지의 청소년들과 함께 자원 봉사를 하기로 한 날이라는 사실을 말하자 기대감이 들었다. 그제서야 주위를 둘러보니 우리를 여기까지 데려다 준 차량은 이미 떠나 없었고 저번보다 훨씬 많은 수의 양동이들이 준비되어 있는 것을 발견할 수 있었다.

잠시 기다렸을까, 곧 우리를 내려줬던 그 차는 다시 돌아왔고, 차에서 초등학생으로 보이는 다섯 명의 남학생들이 내렸다. 생각보다 어리고 작은 체구에 봉사활동을 같이 하면서 힘들어하지 않을까 하는 우려도 조금은 가지면서 우리는 인사를 나눴다. 첫인상과는 다르게 그 친구들은 우리와 비슷한 또래의 중학생들이라고 했다. 뿐만 아니라 할 일이 없는 휴일이면 조림 사업장으로 가끔 봉사활동을 하러 온다고 했다. 이번에는 학교에서 신청자를 받아 선착순으로 뽑혀서 오게 된 것이라고 한다.

하난 인상 깊었던 사실은 봉사활동을 하러 온 친구의 모자에서 한국 아이돌 그룹의 이름을 발견할 수 있다는 것이었다. 며칠 전 텔레비전을 보면서도 한류를 실감했었지만, 이렇게 우연한 기회로 봉사활동을 같이 하게 된 학생의 모자에서 이 이름을 보게 것이라고는 생각하지 못했으니 말이다. 본분을 잊은 채 'EXO' 덕에 공통 분모를 찾아 친근함을 느끼면서 소소한 대화를 주고 받던 우리는 단원들의 말에 양손에 양동이를 챙겨 들고 물을 주기 위해 걸어갔다.

이 봉사활동을 여러 차례 해보았다는 말이 사실임을 증명하기라도 하듯이 도착해서 둘러보니 이미 친구들은 양동이 가득 물을 채워 나르고 있었

I felt ashamed of myself that moment because I only thought this volunteer activity as a project that has to be done when I finish a region assigned to me. The break time came faster working with efficient friends even though they were petite.

It was comparatively easy working with many people, but it was still a strenuous work. We formed friendships talking and sympathizing with other kids who came with same purpose as us during the sweet break time. We talked about environment starting with the desertification of Mongolia as we gathered with the same goal. It seemed like the environment problem is educated as one of the serious tasks to be handled even though it wasn't the first problem to handle. The people were aware of the desertification and the need of improvement to some degree and actually many students chose to volunteer to improve the desertification. Hearing from the students, the Mongolia

Brightness and activeness of Mongolian friends.　　밝았던 몽골 친구들의 모습.

다. 서로가 얼마나 더 많이 하는지 경쟁하면서 너나 할 것 없이 물을 나르는 모습은 사실 신기했다. 봉사활동을 배정받은 지역을 끝내야 하는 과제로만 받아들였던 것이 부끄러워지는 순간이었다. 훨씬 작은 체구의 친구들이었음에도 능률은 더 높은 친구들과 함께 하다 보니 쉬는 시간도 훨씬 빨리 찾아왔다.

인원이 많았기 때문에 비교적 수월했지만, 힘든 일은 힘든 일이었다. 잠깐 주어진 꿀 같은 휴식 동안 우리는 같은 목적을 위해 모인 또래 친구들과 소통하고 공감하면서 친목을 다질 수 있었다. 사막화 방지라는 공통적인 목적을 가지고 모인 만큼 우리는 몽골의 사막화 문제를 필두로 환경에 대해서 이야기를 나눴다. 비록 환경 문제가 몽골 사회 내에서 제 1의 문제로 교육되지는 않더라도 분명 해결해야 하는 과제로써 교육되고 있는 것 같았다. 그런 만큼 이번과 같이 현지 학생들이 조림 사업장을 봉사활동 장소로 자주 택할 정도로 사막화 문제를 인식하고 있으며 개선의 필요성 역시 인

worked to combat desertification together.　　함께한 사막화 방지 활동.

government wasn't yet paying attention to the environment problems due to the other problems but, when the time comes for these students who have the awareness of the problem to rule the country, we could hope that the Mongolia government would be the head to solve these problems.

We stopped the serious conversation for a moment and started to talk about our school life and friends. There were complete differences between Korean students and Mongolian students, but we could understand each other with the status of student. By the time when the break was almost over, we made a well-matched Mongolian name to each other and we became so close that we joked giving a funny general's name to each other.

Since we became very friendly during the break, we got little slow on working but it was more fun. We, however, watered every hole and went back lighthearted. It was already time to part with them after the lunch. Though we shared a short time, they were the first friends we met in Mongolia. So it was really sad to say goodbye to them.

With this, it was the last time with the Erdene afforestation establishment, too. Three days were quite a short time but we met various people and did a lot of activities. It must be a lie if I say that I only had pleased and full feelings staying here. We looked around and enjoyed the tour but the time spent in the Erdene afforestation establishment was the longest so we were worn out. We all were really exhausted and wanted to have some rest. We, however, accomplished the given tasks in silence until the last.

It felt like the river never seemed to decrease but we moved diligently with the buckets full of water from the reservoir to the holes and equipped the hydroponics cultivators and the Ger. Though we worked really hard but since it was the first time for us to do those things, it might not have been helpful. Maybe something I got is weigh more than something I gave. We only gave

지하고 있었다. 이 학생들의 이야기를 들으면서 아직은 몽골의 사회 속에서 다른 문제들 때문에 몽골 정부 주도로는 환경 분야가 크게 개선되고 있지는 않지만, 이런 인식을 가지고 있다면 이 아이들이 나라를 이끌어 갈 시대쯤에는 몽골 정부 또한 주도적으로 환경 문제를 해결해 갈 수 있지 않을까 하는 희망을 엿볼 수 있었다.

이렇게 무거운 주제를 이야기하기도 잠시 비슷한 연령대의 우리는 각자의 학교 생활, 친구 이야기를 하기 시작했다. 한국의 학생들과 몽골의 학생들은 분명히 달랐지만, 학생이라는 신분이 주는 공통점들에는 공감 할 수 있었다. 쉬는 시간이 끝나갈 때쯤에는 우리 한 명 한 명에게 어울리는 몽골 이름을 지어줬는데, 장군 이름을 붙여주면서 놀릴 정도로 친해져 있었다.

잠깐의 쉬는 시간을 통해서 더욱 친해졌기에 나머지 봉사활동은 장난도 치고 놀면서 전보다는 느리지만 더 즐거운 마음으로 진행했다. 그래도 착실하게 모든 구덩이에 물을 준 우리는 홀가분한 마음으로 돌아갔다. 점심까지 먹고 나니 어느새 헤어질 시간이었다. 짧은 시간 함께했지만, 몽골에서 처음 만난 또래 친구들이었고, 함께 활동을 하면서 많이 나누고 친해진 친구들인 만큼 헤어지는 게 많이 아쉬웠다.

이로써 에르덴 조림 사업장하고도 마지막이었다. 3일이라는 짧은 시간이었지만, 많은 사람들을 만나고 다양한 활동을 할 수 있는 시간이었다. 모든 활동을 하는 동안 온전히 기쁘고 뿌듯한 마음만 있었다면 거짓말일 것이다. 틈틈이 관광과 구경도 했지만 이 곳 조림 사업장에서 보낸 시간이 가장 길었던 만큼 모두가 지쳐있었다. 힘들었고, 휴식을 원하고 있었다. 그렇지만 누구 하나 불평불만 없이 끝까지 묵묵하게 주어진 일을 수행했다..

개수가 전혀 줄지 않는 것처럼 느껴졌지만 저수지에서 구덩이까지 양동이를 한 가득 채워 부지런히 움직였고, 게르와 수경 재배기도 설치했다. 우리로서는 처음 해보는 일들에 최선을 다하는 자세로 열심히 일했지만, 결과적으로는 큰 도움은 아니었을 것이다. 어쩌면 이번 경험을 통해서 내가 준 것보다도 받은 것이 더 많을지도 모르겠다. 우리는 각자 열 몇 시간의

them hours of our sweats and efforts, but they gave us the warm-heartedness, the time to think about us and our society, and the memories for life.

Before we leave, we wrote our hopes and dreams on the piece of woods, hung them on the fence, and realized a lot of people passed by. The fence was already full of the hopes. Even though most of Koreans associate Mongolia as huge grassland, I was touched by the people who visited here to help. I felt great and thankful for the hundreds of nameless and faceless people who came by. At the same time, I was sad that we didn't experience this great thing before and we had to go back. We told the residents and the other voluntary members that we were very thankful and sorry, said goodbye to the children and the animals, and moved our heavy feet out of the Erdene afforestation establishment.

That time, what we had left was the day in the Terelj National Park. It was the place where I anticipated the most because it was famous for its wonderful nature scenery. Specially, we were earnest to see the nature since we only saw the devastated land caused by the desertification after we arrived in Mongolia.

The car stopped on the way to the Terelj National Park to stop by the Harawar Park. In Korea, we usually think a park as a place where the flowers and the trees are. But where we stopped and went up was just a place with few bronze statues. We followed an uphill road and then faced the statues of the bell, drum, and traditional Mongolian stringed instrument morin huur. If we hit the bell and drum and turn around the statues, we can fulfill our wishes. So we did that. There were five animal statues around the park. They were the fifth animals of Mongolia: a cow, a sheep, a horse, a camel, and a goat.

We got on the car again and suddenly we were entering in Terelj National Park. The park is located where it takes 1~2 hours from the capital, Ulaanbaatar and is famous for its beautiful nature landscape. It was designated as a

땀과 노력을 선물했을 뿐이지만, 많은 사람들의 따뜻한 마음을, 우리와 사회를 생각하게 만들어 준 시간들 그리고 잊지 못한 추억들 모두를 선물 받았으니 말이다.

떠나기 전 마지막으로 꿈과 소망을 나무 조각에 적어 달면서 얼마나 많은 사람들이 이 봉사활동을 거쳐 갔는지를 새삼스레 확인할 수 있었다. 울타리가 이미 빼곡하게 나무 조각들로 채워져 있었으니 말이다. 아직 다수의 우리나라 사람들이 몽골을 초원으로 밖에 연상하지 못함에도 불구하고 이렇게나 많은 사람들이 도움의 손길을 주기 위해 방문했었다는 점이 감동적이었다. 얼굴도 모르는 모든 이들이 대단하게 느껴졌고 고마웠다. 동시에 우리가 조금 더 일찍 봉사활동을 경험하지 못했다는 것이, 그리고 벌써 다시 돌아가야 한다는 것이 아쉬웠다. 단원들과 주민들에게 감사함과 죄송함의 인사를 전하고, 아이들과 동물들에게 안녕을 하고서야 우리는 무거운 발걸음을 떼며 조림 사업장을 떠날 수 있었다.

이제 우리가 남겨둔 것은 테를지 국립 공원에서의 하루였다. 환상적인 자연의 모습을 구경할 수 있는 곳이라고 하는 만큼 가장 기대되는 장소였다. 특히나 도착한 이후 계속해서 사막화로 인해 황폐해진 모습만 보던 탓에 파릇파릇한 자연의 모습이 너무나 간절했다.

테를지 국립 공원으로 가는 길에 하르어워 공원에 들르기 위해 차가 잠시 정차했다. 한국에서 공원이라고 하면 꽃과 나무들이 있고 산책로를 만들어 놓은 장소를 떠올리게 되는데, 도로 위를 달리던 중 길가에 차를 세우고 올라간 곳에서 마주할 수 있었던 공원은 몇 개의 동상들이 거의 전부였다. 이 공원의 오르막길을 따라서 가니 종과 북, 그리고 몽골 전통 현악기인 마두금을 들고 있는 악사의 동상을 마주할 수 있었다. 이 종과 북을 치고 동상 주위를 돌면 소원이 이루어진다는 말에 우리는 차례로 따라 했다. 공원 주위에는 다섯 개의 동물 동상도 볼 수 있었는데, 몽골의 5대 가축인 소, 양, 말, 낙타, 염소를 만들어 놓은 것이라고 한다.

다시 차에 타 달리다 보니 어느새 우리는 테를지 국립공원에 입장하고

national park in 1993. Mountains, valleys, forests, and meadows were matched harmoniously and the lodgings like the traditional house, Ger and other facilities were well equipped for travelers. Though we couldn't experience all of them, there were things like Rama Buddhism temple, horse-riding, and looking at the stars to experience.

Stopping here and there, it was already dark when we arrived, so we have to postpone the walk through the nature. I felt better with the colorful look even though I was on the running car watching outside. We saw the most famous rock looked like a turtle, animals romping around in nature, and people who were enjoying their vacations and arrived in our lodgings located in a retired spot in the mountain.

Under the nature like a picture, we were assigned to an even more picture-like Ger. We gathered outside to enjoy the scenary of the nature. We

The picture of Harawar Park; Behind the bell, we can see drum and white statue with morin huur in the back.

허르어워 공원의 모습. 앞에 있는 종 뒤로 멀리에 북을 그리고 뒤쪽에는 마두금을 든 악사의 동상 인 흰색 동상의 모습을 볼 수 있다.

있었다. 테를지 국립공원은 울란바토르에서 한 두 시간 정도의 거리에 위치해 있는데, 아름다운 자연 경관 덕에 몽골을 방문한 관광객들이 빠뜨리지 않는 관광 명소라고 한다. 1993년에 국립 공원으로 지정된 곳으로 산, 계곡, 숲 그리고 초원이 조화롭게 어울러진 곳에 전통 가옥인 게르 등 외국인 관광객을 위한 시설들도 잘 갖추어져 있는 곳이다. 비록 우리는 다 체험해볼 수 없었지만 라마 불교 사원, 승마와 별 보기 등의 여러 체험을 해볼 수 있도록 마련되어 있기도 하다.

이곳 저곳 들리고서 도착해 어두워진 탓에 거닐면서 자연을 구경하는 것은 아쉽지만 내일로 미룰 수 밖에 없었다. 지나가는 차 속에서 차창을 통해서만 밖을 구경했음에도 불구하고 화려한 모습들에 기분은 저절로 좋아졌다. 지나가면서 테를지에서 가장 유명하다는 거북 모양의 바위도 보고, 자연을 뛰노는 동물들과 휴양을 즐기는 사람들도 지나쳐 가며 깊은 산 속에 위치한 숙소에 도착할 수 있었다.

The picture of our logging. it was like a piece of artwork.

우리가 묵었던 숙소의 모습. 한 폭의 그림 같은 모습이었다.

palyed basketball in the basketball court arranged on the side of the lodgings and chattered with each other. Also, we were busy taking pictures as there is a saying like there will be nothing left but pictures. But, after all, we were all quite watching the sunset.

It was a new lodging place and we were excited here, but the environmental debate had to be carried on. So we gathered around in the Ger. Of course, the reason we gathered included watching the night sky which represents Mongolia. We had to stay awake until two since we could see the night sky at the very best at that time.

Image of Terelj national park during the sunset.

그림 같은 자연 아래서 더 그림 같은 게르 한 채를 배정받았다. 우리는 아름다운 자연을 구경하기 위해 밖에 모두 모였다. 각자 그리고 다 함께 자연을 즐기기 시작했다. 숙소 한쪽에 마련된 농구장에서 농구를 하기도 했고, 앉아서 수다를 떨기도 했다. 남는 건 사진뿐이라는 말처럼 카메라에 이 순간들을 담느라 분주하기도 했다. 그렇지만 결국에는 모두 자연에 압도당했던 탓인지 석양을 조용히 바라보고만 있었다.

새로운 숙소에 새로운 기분이었지만 환경 토론은 진행되어야 했다. 그렇게 우리는 다시 게르 안에 모여 앉았다. 물론 여기에는 몽골을 대표하는 밤하늘을 보기 위해 기다리려는 목적도 있었다. 별이 쏟아지는 그 모습은 새벽 두 시는 지나야 잘 보인다고 하기에 그때까지 깨어 있어야 했으니 말이다.

테를지 국립 공원의 모습. 해가 질 때 쯤의 풍경.

Today's topic was the air pollution. It was one of the unavoidable problems Ulaanbaatar has face with the population growth.

The air pollution became an essential problem of the earth since the world went through industrialization. The air pollution is defined as an environmental contamination in the air by human activities. Then what kinds of human activity influence it? The first reason is an excessive use of fuels. Compared to the past which people used fuels for heating and cooking, modern-day people use don't only use the fuels for heating and cooking but also for mechanical operation and factory operation. So the pollution happened because people produced combustions during the use of the fuels and excreted the toxic substances into the air. Also, those contaminated substances produce a photochemical reaction by sunlight or spread to secondary pollution by producing acid rain or fog.

Let's take a look at the main components of pollutants. Something that contaminates the air is called air pollutant substance agent. It is divided as two main pollution sources: stationary sources and mobile sources. The stationary sources are produced in factories and homes; The mobile sources are produced in cars and planes. To be specific, they occur when sulfurous acid gas and airborne dust fossil fuel burn, or when automobile exhausts are emitted. They could occur from the heating oil or industrial process. Nitrogen oxide occurs when nitrogen components burn, but it usually occurs when nitrogen is oxidized during the burning. Therefore, it occurs on s large scale in factories or power plants. On the contrary to nitrogen oxide, carbon monoxide and hydrocarbon appear on a small scale combustion apparatus, family automobile, or anthracite when the incomplete combustion of fuel is progressed. Lastly, photochemical oxidant is made when hydrocarbon has a chemical reaction and makes a compound that has strong oxidizing power.

　오늘의 주제는 대기오염이었다. 울란바토르에 인구가 밀집되면서 피할 수 없는 문제 중 하나였다.

　전세계적으로 산업화가 진행되면서 대기오염은 급격히 심해져 지구의 주요 문제로 떠올랐다. 대기오염은 인간활동으로 인한 대기 상의 환경오염을 말한다. 그렇다면 어떤 인간활동이 영향을 끼쳤을까? 일단, 가장 큰 원인은 과도한 연료의 사용이다. 난방과 취사 등의 목적으로만 연료를 사용했던 과거와 달리 현재는 기계 작동과 공장 운영 등 사용 규모가 커졌다. 따라서 연료 사용 과정 중에 이를 연소시키고, 공기 중으로 유해 물질을 내보내며 대기가 오염된 것이다. 또한 오염된 물질들이 햇빛을 받아 광화학반응을 일으키거나 산성비와 안개 등을 생성해 2차 오염으로 번지기도 한다.

　오염 물질의 주된 성분을 살펴보자. 대기를 오염시키는 물질의 근원을 대기오염물질 발생원이라 한다. 이는 크게 고정오염원과 이동오염원으로 나뉘는데, 고정오염원은 공장과 가정, 이동오염원은 자동차와 항공기에서 발생하는 물체다. 구체적으로 소개하자면, 아황산가스와 부유분진 화석 연료가 연소될 때, 혹은 자동차의 배기가스를 배출할 때 등에서 나타난다. 난방용 석유나 산업공정으로부터 발생되기도 한다. 질소 산화물은 질소성분이 타며 생기기도 하지만, 대부분은 연소될 때 주변 질소가 산화되며 생긴다. 따라서 발전소나 공장에서 대규모로 발생된다. 일산화탄소와 탄화수소는 연료의 불완전연소가 진행되며 질소 산화물과 반대로 소규모의 연소장치, 가정에서 이용되는 자동차나 무연탄에서 나타난다. 마지막으로, 광화학 산화제는 탄화수소가 화학반응을 일으켜 산화력이 강한 화합물을 만들어내는 것이다.

　이렇듯 인간들의 무분별한 연료 사용 등의 활동으로 대기가 오염되기도 하지만, 자연 현상에 의한 것도 있다. 대표적으로 '화산 폭발'이 있다. 화산 폭발 시 방출되는 대기오염 물질이 길게는 몇 년간 지구에 지속적으로 영

The air pollution occurs not only by indiscriminate human use of fuel but by natural phenomenon. There is, for example, the eruption of a volcano. The polluted substances released by the eruption affect the earth for years. Also, it produces a huge carbon dioxide. In sequence, yellow dusts and sandstorms are one of the causes of pollution. It usually happens during the spring in Korea, but it is getting serious and happening more frequently since 1990s. The heavy metals and harmful substances are mixed in the yellow dust or the sandstorm. These cause severe damages.

To conclude, the causes of air pollution can be divided as two: the humans and the nature. Humans have been contaminated the air by excessive consumption of energy and fuels starting from the industrialization. We should minimize the sources of pollution, use ecofriendly fuels, and save the energy to conserve the air which is essential in human life.

The air pollution happens by the secondary pollutants which are the combinations of the primary pollutants and carbon monoxide, nitrogen oxide, hydrocarbon, sulfur oxides, and dust (these five pollutants are produced from the automobile exhausts or from the fossil fuels).

The number of cars in Seoul has soared every year which is one of the causes of atmospheric pollution. In 1990, 49 percent, 61 percent in 1992, and 96 percent in 1996, and now they are hitting higher levels. Considering the increased number of people who buy cars around the 90s, one can feel the seriousness of it. So, Seoul's air quality policy is concentrated in cars. There are about 2,200,000 cars in Seoul. Among them, the Ministry of Environment is pointing out the big gasoline vehicles with a ratio of 3 %. In the city, vehicles with large numbers of trucks include 60,000 cars, 30,000 trucks and 98,800 buses. However, one big gasoline vehicle is likely to emit air pollutants equivalent to pollutants from 23 small cars. As a result, percentage of large cars in

향을 준다. 또한 막대한 이산화탄소를 생성해낸다. 다음으로, '황사와 모래바람'도 대기오염의 원인 중 하나다. 우리나라에는 봄에 주로 찾아오는 현상인데 이도 1990년대 이후 강도도 증가하고, 더욱 빈번히 일어나고 있다. 황사와 모래바람 속에는 중금속이나 유해물질이 섞여 있는데, 이 물질들이 대기에 심각한 피해를 끼치는 것이다.

결론적으로, 대기오염의 원인은 '자연'과 '인간'으로 나눌 수 있다. 인간은 산업화를 기점으로 과도한 에너지와 연료 소비로 대기를 오염시켰다. 인간에게 필수인 대기를 오염시키는 물질을 최소화시키고 친환경적 연료 사용과 에너지를 아끼는 노력이 필요하다.

대기오염은 석탄 등의 화석연료, 자동차 배기가스 등에서 나오는 일산화탄소·탄화수소, 질소산화물, 황산화물 및 분진 등과 1차 오염물질 간의 화학반응으로 생긴 2차 오염물질에 의해서 발생한다.

서울의 대기 오염 원인 중 자동차의 비중은 매년 급증해왔다. 1990년 49%에서, 92년 61%, 96년에는 80%를 넘어섰고 현재는 더 높은 수치를 기록하고 있다. 90년대에 비해 주변에 자동차를 구입한 사람이 늘어난 정도를 생각해보면 심각성을 실감할 수 있을 것이다. 그래서 서울의 대기 정책은 자동차에 집중되어 있다. 서울에는 2백10만여대의 자동차가 굴러다닌다. 그 중 환경부가 주목하는 대상은 전체 3%의 비율을 차지하는 대형 경유차량이다. 서울시 내에 대형 경유차량은 모두 6만2천대로, 트럭(3만 3천), 시내 버스(9천8백)을 포함한다. 그런데 대형 경유차량 1대는 승용차 23대분에 맞먹는 양의 대기 오염 물질을 배출하기에 문제이다. 그러다 보니 대형 경유차량은 서울의 자동차 중 3%에 불과하지만 대기 오염 기여도는 43%를 차지한다. 자동차를 포함한 모든 대기 오염원을 계산에 넣는다면, 대형 경유차량은 서울의 대기 오염에 34% 기여한다. 경유차의 악명은 여기서 그치지 않는다. 서울의 모든 자동차가 배출하는 질소산화물의 82%, 매연의 98%는 경유차에서 나온다. 특히 대형 경유차는 미세먼지의 62%를 배출한다. 이 때문에 서울의 하늘이 뿌옇게 변하는 연무 현상이 발생하는 것

Seoul are only 3 percent of automobiles, while air pollution contributes 43 percent. If all of the air pollution sources, including automobiles, are included in the calculation, the heavy diesel vehicle contributes 34 percent to air pollution in Seoul. Nay more, eighty-two percent of the nitrogen oxides and 98 percent of all emissions of smoke in Seoul come from diesel cars. In particular, the large diesel car emits 62 percent of the fine dust. Because of these, smog phenomenon which makes the sky foggy happens in Seoul.

The concentration of population in the only big city of Mongolia, Ulaanbaatar began since 1990. The nomads were forced into the city because the rivers and the meadows disappeared by the global warming and the desertification. Forced citizens formed a collective residential area in suburb building the Ger. They used waste wood and coal as fuels to overcome the cold weather. The sky of Ulaanbaatar couldn't deal with the polluted sources form the Gers, so it was full of smog that cars have to run with the headlights on in daytime.

According to the international survey agency, Sulfur dioxide was 2.7 times higher and nitrogen dioxide 2.9 times higher than international standards. Also, the ratio of fine dust was found to be up to 30 times higher than international standards. The most serious problem was the rapid increase in children suffering from respiratory diseases during the winter. An assistant director of the municipal hospital in Sükhbaatar district in Ulaanbaatar said, "There are a lot of urban poor around the Chingeltei district. Many children who live near that district suffer from respiratory tract diseases during the winter." He also commented that the air environment that doesn't allow children to play around means that there is no future in Mongolia.

The problem does not end here. Now that the industrialization is active, Mongolia is suffering from desertification because of the increasing number of yellow dust storms. From the 1990s, the influence of yellow dust has widened,

이다.

몽골의 유일한 대도시인 울란바토르에는 1990년부터 인구 집중이 시작됐다. 지구 온난화와 초원의 사막화로 강과 초지가 사라지자 유목민들이 몰려든 것이다. 몰려든 시민들은 도시 외곽에 게르를 짓고 집단주거지를 형성했다. 이들은 영하 40도의 강추위를 이겨내기 위해 석탄 원석과 폐목 등을 연료로 사용했다. 울란바토르 하늘은 게르에서 뿜어내는 대기오염 물질을 감당하지 못했고, 회색 스모그로 뒤덮여 자동차는 대낮에도 헤드라이트를 켜고 달려야 하기까지 이르렀다.

국제공인기관 조사에 따르면 아황산가스는 국제기준보다 2.7배, 이산화질소는 2.9배 높았다. 또 시내 미세먼지 비율은 국제기준보다 최고 30배 이상으로 조사됐다. 가장 심각한 문제는 겨울철을 중심으로 호흡기질환 때문에 고통 받는 아이들의 급증이었다. 울란바토르 수크바토르 구역 시립병원 보인자르갈 부원장은 "도시 빈민이 많아 대기오염이 유독 심한 칭길태 구역 등은 겨울만 되면 많은 어린이들이 호흡기 질환으로 고통 받고 있다"며 "어린이들이 뛰어 놀 수 없는 대기 환경은 곧 몽골의 미래가 없음을 뜻하는 것"이라고 말했다.

문제는 여기서 끝나지 않는다. 산업화가 활발한 지금, 더 자주, 세게 몰아오는 황사 때문에 몽골은 사막화를 겪고 있다. 1990년대부터 황사가 영향을 미치는 범위는 점점 넓어져 경제적 활동에 영향은 물론 사람들에게도 치명적 영향을 끼쳐 죽음까지 이르게 하기도 한다.

Bayanzurkh 지역에 있는 Tushee Murun 의료 센터는 하루에 대략 115명의 환자들을 보는데, 그 중 30~40 명의 환자는 폐렴 증상의 아이들이라고 한다. 그 병원 의사인 B. Ankhtuya는 '울란바토르는 세계에서 가장 오염된 도시 중 하나'라고 하며 '세계 보건기구 (WHO)에 제시되어 있는 인간이 건강하게 생활할 수 있는 수치보다 약 7배 높은 수준을 보이고 있다'고 덧붙였다. 심지어 UNICEF의 몽골 대표 로베르토 베네는 '울란바토르의 매우 오염된 지역에 사는 어린이는 농촌 지역 어린이의 폐 기능보다 50% 넘게

influencing economic activity as well as influencing people's lives that some people are driven to death.

The Tushee Murun Medical Center in Bayanzur kh province sees approximately 115 patients per day, and 30 to 40 patients are children suffering from pneumonia. "Ulaanbaatar is one of the most polluted cities in the world, " said Dr. B. Ankhtuya, who is quoted as saying that it is about seven times higher than the value of the healthy environment that human can live in suggested by the World Health Organization. " Children living in a highly contaminated area of Ulaanbaatar had lung functions of more than 50 percent of the lungs" said Roberto Berne, a UNICEF representative of Mongolia.

In 2011, Times reported the 'top 10 cities with air pollution', and Ulaanbaatar was selected as second. But, now, it reached even more severe level than 2011. The biggest problem in Ulaanbaatar is now pollution problem. The smog of Ulaanbaatar is universal. The pollution by urbanization is unavoidable even in country of nature, Mongolia. Especially, the pollution is at its worst when it is winter because people use a lot of heating fuels. When the wind becomes silent, the visibility range decreases to dozens meters.

It sometimes smells like acid sulfur. At first, people feel oppressed by the smell but, when they keep live in that smell, they become hardened. The reasons that the air of Ulaanbaatar is frosty:

First, use of coals for heating in Mongolian shantytown takes about 60%.

Second, the waste of fuels and the occurrence of exhausts by the use of old-fashioned heaters which do not have good thermal efficiency

Third, the basin location of city where the air circulation is not smooth

Finally, the mobile exhausts

When winter comes, each family uses cheap coals which are abundance as fuel. 60% of 260,000 households of 1,200,000 populations are located on the

낮은 폐 기능을 가진다는 사실이 밝혀졌다'고 말했다.

2011년 Time지에서 '공기오염 세계 10대 도시'를 발표했는데 울란바토르는 2위에 선정되었다. 몇 년이 지난 지금 그보다 훨씬 심각한 수준에 도달해 있다. 울란바토르 생활에서 가장 큰 문제가 공해 문제일 만큼 말이다. 울란바토르의 스모그 수준은 이미 세계적이다. 자연의 나라 몽골도 도시화에 이은 공해는 어쩔 수가 없다. 난방 연료소모가 많은 겨울철에 매우 심해지는데, 야간의 바람도 잠잠해지면 가시거리가 몇 십 미터까지 줄어들기도 한다.

매캐한 유황냄새가 나기도 하는데 사람들은 처음엔 답답해 하다가도 살다 보면 익숙해져 무감각해진다고 한다. 공장이 많이 있지 않은 울란바토르가 이렇게 공기가 탁한 이유는 다음과 같다.

첫 째, 60%이상을 차지하는 몽골천막 판자촌 지역에서 개별 난방을 위한 석탄 사용

둘 째, 열효율이 좋지 못한 구식 난로 사용으로 인해 심한 연료의 낭비와 매연발생

셋 째, 공기순환이 원활하지 못한 분지에 위치한 도시

넷 째, 많은 양의 차들이 뿜어내는 매연 중고차와 디젤차량이 뿜어내는 다량의 매연

겨울이 되면 각 가정에서는 지천에 널려있는 값싼 석탄을 땔감으로 이용한다. 120만 인구 26만가구의 60%가 게르 지역에 위치하니 16만개 이상의 석탄난로가 하루 종일 연기를 뿜는 셈이다. 그 피해가 어떨지 예상할 수 있다. 그 폐해가 어떻게 될지 상상될 것이다.

몽골정부도 이런 문제를 해결하고자 목적세를 신설하고 예산을 만들어 연소효율이 좋고 매연을 줄일 수 있는 개량형 난로를 보급하고 있다. 구입 예산의 90%를 지원해준다고 하는데 본인 부담금이 한화 약 4만원 정도 된다.

근본적 해결책은 게르 지역을 재개발해 아파트를 짓고 이주시키는 것이

Ger region so more than 160,000 fuels fume all day. You can expect the harmful effects.

The Mongolia government is trying to solve this problem. So they are supplying improved model of heater which has good burning efficiency and can reduce the exhausts by levying special purpose tax and preparing budgets. The government supports 90% of the purchasing cost. Then, individual only need to pay about 40,000 won in Korean currency. I want to make compulsion rules to reduce this cost if I could.

The fundamental solution is to redevelop the Ger region and build apartments. They are working on this housing business, but it is hard to see instant effects because this kind of project needs a lot of time and money. Also, people keep come up to Ulaanbaatar so the Ger region will not be disappear for a while.

There are four air pollution observatories in Ulaanbaatar: Khan Uul district, Songino Khairkhan district, Bayangol district, and Bayanzürkh district. They measure SO_2, NO_x, and PM_{10} in real time. Currently, the standard air quality of Mongolia is as in the following. TSP (Total Suspended Polluted Particles): $150 \sim 200$ µg/m3, SO_2: 150 µg/m3, CO: 3 mg/m3 (24 hours average). According to the report from Air Quality Management Office of Ulaanbaatar, the concentration of sulfurous acid gas(SO_2) appeared to be high during the winter, from October to March, and it increased up to 45 µg/m3 during the time between 4 pm and 8 pm. Nitrogen Dioxide(NO_2) appeared on the road where the traffic jam was severe. The concentration value of polluted substances increased rapidly in recent 15 years. The air pollution feels of citizens are also serious.

About 5 million tons of coals are burned annually in 3 power plants of Ulaanbaatar, 400 low pressure boilers and 130,000 homes. The World Bank estimates that the sulfur dioxide emitted from the plant in Ulaanbaatar annu-

다. 이런 주택사업도 병행 중이나 큰 비용과 많은 시간을 필요로 해 당장의 효과를 보긴 힘들다. 계속 상경하는 사람들도 있어 게르촌이 없어지는 일은 당분간 없을 것이다

수도 올란바타르에는 4곳의 대기오염 관측소 (칸-올지구, 송기니하이르한 지구, 바양골 지구, 바 얀주르흐 지구)가 설치되어 있어서 SO2, NOx, PM10을 실시간으로 측정하고 있다. 현재 몽골의 표준 대기질 기준은 다음과 같다; TSP (총부유입자상 오염물질): 150~200 μg/m3, SO2: 150 μg/m3, CO: 3 mg/m3 (24시간 평균). 울란바토르시 대기환경국의 보고서에 따르면 아황산가스(SO2)의 농도는 겨울철인 10월~3월에 높게 나타나고, 그 중 16시에서 20시 사이엔 45 μg/m3까지 상승하는 것으로 나타났다. NO2는 교통정체가 심한 도로 부근에서 높게 나타난다. 가스상 오염물질 농도 값이 최근 15년간 급증한 것으로 보이며, 대기오염의 정도에 대한 시민들의 체감도 심각한 상태이다.

울란바토르시에 소재하는 3개의 발전소, 400여 개의 저압보일러 및 약 13만 게르 가정의 난로에서 연간 약 500만 t의 석탄이 연소된다. 세계 은행은 연간 울란바토르의 발전소에서 배출되는 아황 산가스가 19.8톤, 질소산화물이 35.7톤, 미세 먼지가 33.3톤에 이를 것으로 추정한다. 또한 저압보일러와 게르 지역의 전통 난로에서 약 82만 톤의 온실가스 와 9,600 톤의 미세먼지, 34,000톤의 COx, 1,200 톤의 NOx, 400톤의 SO2가 배출된다. 울란바토르 지역에 있는 3개의 열병합 발전소는 도시 전력 공급 및 지역난방을 담당한다. 열병합 발전소의 발전 및 난방용수 공급에 이용되는 석탄은 연간 350만 톤이며, 대부분 유연탄이 이용된다. 그러나 오염물질 제어장치의 효율성은 매우 낮은 것으로 알려져 있다. 습식 세정기(wet scrubber)와 정전기 집진장치(electrostatic precipitator)를 설치하여 오염물질을 포집하고 있으나, 습식세정기의 효율은 70~80%에 불과, 정전기 집진기는 약 95%의 상대적으로 낮은 집진효율을 나타내고 있다.

게르 거주자가 증가하는 현상 또한 도시 대기오염을 악화시키는 요인이다. 가구당 석탄 소비량은 연간 5.3톤으로, 전체적으로 약 153만 6천 톤에

ally will be 19.8 tons, nitrogen oxides will weigh 35.7 tons, and fine dust will reach 33.3 tons. In addition, about 82 million tons of greenhouse gases are emitted from the low pressure boilers and the traditional stove heaters: 9,600 tons of fine dust, 34,600 tons of air, 1,200 tons of NOx, and 400 tons of SO2. Three Combined Heat & Power plants in the Ulaanbaatar are responsible for urban power supply and district heating. Coal used for generator power generation and heating water supplies is 3.5 million tons per year, and most of the bituminous coal is used. The efficiency of the pollutant control is known to be very low. Wet scrubber and electrostatic precipitator are collecting pollutants, but the efficiency of wetting washers is only 70 to 80 %, whereas electrostatic dust collector represents a relatively low collection efficiency of 95%.

Increase in the number of people living in cities is also a factor that aggravates urban air pollution. Coal consumption per household is estimated at 5.3 tons per year, totaling about 1,056,000 tons. Also, 237,000 square meters of wood are used for energy generation, heating and cooking. Ulaanbaatar City is the coldest city in the world and has nine months of heating period. Continuous population inflow and industrialization are expected to increase fuel combustion. Vehicles operated in the city are also considered as serious air pollutants. Vehicles registered in 2005 numbered 70,000, but in 2009, they rose to 130,000 units. Among them, about 6 percent of vehicles were 7 to 10 years of age and about 6 percent were 11 years of age. Among them, diesel vehicles are estimated to be 31 %, contributing directly to the smoke emissions. There is a steady increase in the concentration of NO2 throughout the city.

해당한다. 또한 23만 7천 평방미터의 목재가 에너지 발전, 난방, 취사 등으로 사용되기도 한다. 울란바토르 시는 세계에서 가장 추운 도시로 연중 난방 기간이 9개월이나 된다. 계속되는 인구 유입과 산업화로 연료연소는 더욱 증가하리라 예측된다. 시내에서 운행되는 차량도 심각한 대기 오염원으로 인식된다. 2005년에 등록된 차량은 7만 6천대였으나, 2009년에는 13만 대로 증가했다. 그 중에선 사용 연수가 7~10년인 차량이 41%, 11년 이상인 차량도 약 6% 정도된다. 이 가운데 경유차량이 31%로, 매연 방출량에 직접적으로 기여하고 있을 것으로 판단된다. 이로부터 시내 전역에서 NO2의 농도가 꾸준히 증가하고 있다.

After debating, we were still sitting and murmuring together. At first, we had an invisible gap between us, but we became close spending time together in Mongolia. We could spend the time in the comfortable mood talking about our schools and our everyday life.

All of us thought of the late-night snack in our mind. So we had a small party taking out all of the snacks we brought from Korea and got in Mongolia. Above all things, Korean ramen was the best. We made an unforgettable ramen with the sausages we bought few hours ago and can of tuna we brought from Korea and took out the Kimchi which is essential when eating the ramen. We waited the time to pass quickly having ramen and enjoying the atmosphere.

It got dark and cold when it just passed one. It was early to go out, but we wore the outer clothing, downloaded the application of constellation, and went out. We couldn't see the constellations clearly than we expected because it was little earlier than two and people who didn't go to the bed left the lights one.

When looking for the constellations, our voices got higher due to our pleasant feelings. Maybe we thought that a little noise is acceptable in front of this magnificent scenery. We struggled to find the constellations and other people told us to be quite.

It was clearly our fault so we quietly moved to the place where it was darker and farther from our lodgings. We could see the twinkling stars better after a while. It couldn't be compared to the night sky of the countryside in Korea. They were literally twinkling stars like they would fall to the ground. It was my first day in my life to match the stars and constellations. Remembering the names of the constellations I read in the book when I was in my childhood, we were so into watching the stars that we even forgot our neck pain.

Though we could see night sky more clearly if we waited more, we turned

환경 토론이 끝나고도 우리는 앉아서 도란도란 이야기를 나눴다. 어색한 사이에서 시작되었던 여행이지만, 낯선 땅 몽골에서 시간을 보내면서 어느덧 친해진 우리였다. 모두가 공감할 수 있는 학교 이야기와 일상 이야기를 나누며 오랜만에 편해진 분위기에서 시간을 보낼 수 있었다.

분위기도 좋아지자 야식 생각이 났다. 마지막 밤인 만큼 한국 몽골 가리지 않고 가방 속에 있는 먹을 거리들을 모두 꺼내 우리들만의 조촐한 잔치를 열게 되었다. 무엇보다도 우리의 입맛에는 역시 컵라면이 최고였다. 몇 시간 전에 산 소시지와 한국에서 챙겨 온 참치 캔을 따서 잊지 못할 컵라면을 끓였고, 빠질 수 없는 한국인의 음식 김치도 꺼냈다. 분위기와 음식을 모두 즐기면서 그렇게 시간이 얼른 지나가기를 기다렸다.

새벽 한 시가 넘어가자 날씨도 쌀쌀해지고 많이 어둑해졌다. 조금 이른 시간임을 알면서도 나갈 채비를 하면서 겉옷을 챙겨 입고, 휴대폰에 별자리 어플리케이션도 설치해 밖으로 나갔다. 조금 이른 시간이기도 했고, 우리처럼 아직 잠들지 못한 방들과 곳곳에 설치된 가로등 때문에 기대했던 것보다는 별들이 선명하게 보이지 않아 실망스러웠다.

잘 안 보이는 별자리를 찾으면서 기분이 좋아진 우리는 목소리가 높아졌다. 이런 장엄한 광경 앞에서는 조금의 소란은 용납될 것이라는 생각했던 것인지도 모르겠다. 우리가 고군분투하고 있다 보니 다른 투숙객이 시끄럽다며 주의해달라고 나와 화를 내기도 했다.

명백히 우리의 잘못인 만큼 조금 의기소침해진 우리는 조용한 발걸음으로 숙소와 더 멀리 떨어져있는, 어두운 곳으로 이동했다. 시간도 더 흐르고 더 멀리 가서야 아름답게 반짝이는 별들이 선명하게 보이기 시작했다. 한국 시골에 놀러 갔을 때 볼 수 있는 정도가 아니었다. 말 그대로 쏟아질 듯이 빛나는 별들이었다. 태어나서 처음으로 별자리를 제대로 맞춰볼 수 있는 날이었다. 어릴 적 책에서 봤던 별자리의 이름을 어렴풋이 기억해내면서 목이 아픈 줄도 모르고 우리는 한참 동안 하늘을 올려다 봤다.

시간이 조금만 더 지나면 더 선명한 밤하늘을 볼 수 있음에도 불구하고

our steps to our rooms with regrets. We had things to do in early morning, and the temperature was getting too low to spend time outside. Most of all, we spent a very busy day and the time we usually went to bed was already passed so we started to yawn. So we went back to our own rooms, organized the trip each in our own way, and slept.

우리는 아쉬움을 뒤로 한 채 숙소로 발걸음을 돌렸다. 내일도 이른 아침부터 일어나 해야 하는 일들이 있었고, 밖에서 계속 시간을 보내기에는 기온도 많이 떨어진 상태였다. 그리고 무엇보다 바빴던 하루를 보냈을 뿐만 아니라 평소 잠자리에 드는 시간이 지나서 하나 둘씩 하품을 하기 시작했다. 그렇게 우리는 게르로 돌아가 한국으로 향하기 전 마지막 밤을 각자의 방식대로 정리하면서 잠을 청했다.

Since Ulaanbaatar, where nearly half of the Mongolian population live in, is facing difficulty in breathing in the middle of the winter, " Improvement of atmospheric environment " has emerged as the government's top priority project. To improve atmospheric conditions, the heating system had to be changed. The Mongolian government has tried to introduce Korean briquettes, considering that it is rich in coal resources. However, they turned away from Ulaanbaatar because they did not fit in the lifestyle of Ulaanbaatar.

In 2009, he had an opportunity to participate in the energy exhibition held at COEX in Samsung-dong, Gangnam. They watched the Korean version of ondol ' hot water floor ', which was the world's first way to heat the floor with hot water circulating inside. It is advantageous to reduce fuel consumption up to 60% with fast heat conductivity and possibility to heat with cooling water. Officials from the Ulaanbaatar Environmental Agency sought help and installed the 'hot water floor' in the Gers. It has been reported that 50% of fuel saving efficiency and the indoor temperature of 20 degrees Celsius were proven to be a pleasant environment to maintain a pleasant environment. The Mongolian government certified that it was suitable for Mongolia's heating from the Mongolian national science community. The Korean traditional ondol floor heating system was chosen as the optimal way to recover the clear sky by removing the Gers' chimneys which are the roots of the air pollution.

However, the residents of Ulaanbaatar did not have enough money to install the heating system. The Mongolian government and Ulaanbaatar asked South Korea for help in the 'air quality recovery project.' In 2011, the Foreign Affairs and Trade Commission and the Foreign Affairs and Trade

몽골 인구의 절반이 몰려 사는 울란바토르가 겨울이면 숨조차 편히 쉬기 어려운 상황에 처하자 '대기환경 개선'이 정부의 최우선 과제로 떠올랐다. 대기환경 개선을 위해선 난방 설비를 바꿔야 했다.

몽골 정부는 석탄자원이 풍부하다는 점을 감안해 한국의 연탄을 시범 도입해봤다. 하지만 울란바토르 시민의 생활방식에 맞지 않아 연탄을 외면했다.

그러던 중 2009년 서울 강남구 삼성동 코엑스에서 열린 에너지전시회에 참가할 기회를 가졌다. 이들은 한국형 온돌 '온수마루'를 관심 있게 지켜봤고, 이 제품은 세계 최초로 마루 자체에 난방 수를 순환하게 하는 방식이었다. 열전도율이 빠르고 저온수로도 난방이 가능해 연료를 60%까지 절감할 수 있는 게 장점이다.

울란바토르 환경청 직원들은 도움을 구하여 전통가옥 '게르'에 '온수마루'가 시범 시공했다. 기존 난방비 대비 50% 연료 절감 효과와 영상 20도의 실내온도로 쾌적한 환경을 유지하는 효율성이 입증되어 몽골 국립방송에 보도됐다. 몽골 정부는 이 제품을 몽골국립과학대학에 검증 의뢰한 결과, 몽골 난방에 적합하다는 결론을 내렸다. 대기오염의 근원인 게르의 굴뚝을 없애맑은 하늘을 되찾는데 최적의 방식으로 '한국형 온돌'이 선택된 것이다.

하지만 울란바토르의 주민들은 경제력이 부족해 난방 설비를 할 수 없었다. 몽골 정부와 울란바토르시는 '몽골 맑은 공기 되찾기 프로젝트'을 위해 한국에 도움을 요청했다. 2011년 국회 한·몽골의원친선협회와 외교통상위원회, 청와대와 외교통상부까지 수 차례 외교문서를 보냈으나 답변을 듣지 못했다고 한다. 결국 울란바토르시 환경청은 난방설비 제조업체에 직접 게르 300채에만 무상시공을 요청했다. 후엔 한국의 한 여성 사업가가 나서 우여곡절 끝에 무상지원을 약속했다.

Committee, the Foreign Affairs and Trade Committee, and the Ministry of Foreign Affairs and Trade failed to respond to the request of the Ministry of Foreign Affairs and Trade. In the end, the Ulaanbaatar Environmental Agency asked for free construction in 300 Gers to the manufacturers of the heating facilities. Later, a female South Korean businessman stepped forward and pledged free support after the end of her career.

If you look for examples of air pollution in other countries, you should go back to the past. Something strange happened in the lake of Sweden in the 1950s. Fish disappeared in the lake. Until then, Sweden was a model of environmental protection, designating the first national park in 1910 and the enactment of the Environmental Protection Act. So why did this happen? Scientists in Sweden have determined that substances flew from outside the border as air pollutants.

It could have been expected without scientific investigation that it would have brought the pollutants through the region of Europe where the industrialization spurred. Among the pollutants, sulfur dioxide, which causes acid rain, has been dissolved in the rain, causing pollution in the lakes of Sweden.

Norway and Finland had similar problems and did not condone the problem. Although outside the border was the root of the problem, they called for correction since it caused damage to the country. In 1972, the UN Conference on Human Environment began to solve the problems and, in 1977, set up a hypothesis that it could move long distances before the air pollutants were dumped. It describes the future of the United Nations Economic Commission:

In response to this urgent problem, a high-level ministerial meeting was held in Geneva in November, 1979, and the accord was signed on the 'Convention on Long-range Transboundary Air Pollution' by the agreement of

타국의 대기오염 극복 사례를 찾아보자면 과거로 올라가야 한다. 1950년대 스웨덴의 호수에 이상한 일이 발생한 것이다. 호수에서 물고기가 사라졌다. 그 전까지 스웨덴은 환경 보호의 모범국가였으며 1910년 유럽 최초로 국립공원을 지정했고 환경보호법 제정 역시 빨랐다. 그런데 왜 이런 문제가 발생했을까? 스웨덴 과학자들은 국경 밖에서 날아온 대기 오염 물질을 원인으로 판단했다.

당시 산업화에 박차를 가하던 '유럽 중심부를 통과하며 이 지역의 오염 물질을 가져왔을 것'은 과학적 조사를 거치지 않아도 짐작할 만한 일이었다. 대기 오염 물질 중 산성을 일으키는 이산화황 등이 비에 녹게 되어 스웨덴 호수들을 오염시킨 것이다.

비슷한 문제를 맞닥트린 노르웨이와 핀란드는 이 문제를 묵과하지 않았다. 국경 밖이 문제의 발단이었지만, 자국에 피해를 끼치기에 시정을 요구하였다. 이렇게 1972년 '유엔 인간 환경회의'가 문제해결에 착수하게 되어 1977년, 대기오염 물질이 떨어져 쌓이기 전에 장거리를 이동할 수 있다는 가정을 설정하였다. '유엔 유럽 경제 위원회'의 공식 사이트에서 이후의 경과를 설명한 것이다.

이 시급한 문제에 대응하여, 1979년 11월 제네바에서 장관급의 고위 회의가 열렸고, 34개의 국가와 유럽 공동체 (EC) [유럽 대부분의 국가와 미국 및 캐나다 등 - 필자 주]가 서명한 '장거리 월경성(越境性) 대기오염에 관한 협약'(Convention on Long-range Transboundary Air Pollution)이 체결되었다. 이 협약은 광역에 걸친 대기오염 문제를 다루기 위한 최초의 국제적, 그리고 법적 구속력을 가진 수단이었다.

이러한 적극적인 대처와 참가국들의 노력으로 유사 이래 최초였을 월경성(越境性) 대기오염 문제 해결은 큰 성과를 거두게 된다.

2003년 3월 12일 노르웨이 환경부 장관은 "지난 20년 동안 타국에서 노르웨이로 넘어오는 황의 양이 절반 이하로 줄어들었다"고 발표했다. 이는 "유럽에서 황의 대기 배출을 줄이려는 국제 협약"이 잘 작동하고 있음

34 countries and the European Union (EU). The agreement was the first international and legal binding force to deal with air pollution problems across the country.

This active response and the efforts of nations that participated will achieve a significant breakthrough in resolving the problem. On March 12, 2003, the Environment Minister in Norway said, "Over the past 20 years, sulfur dioxide has from another country to Norway has shrunk." It showed that the International Convention on reducing sulfur emissions in Europe is working well, and other countries can work together to improve air pollution.

을 보여주며 다른 국가들도 대기오염 개선을 위해 협업할 수 있음을 확인
할 수 있는 계기였다.

chapter4

자라나다,
희망의 씨앗

Growing seeds of hope

Although I went to bed late compared to other nights, I rather woke up pleasantly, surrounded by the fresh air. Leaving the last group photo in from of the lodgment after breakfast, we headed for the forest tracking with anxiety and anticipation.

We followed the tracking course which had a steep slope up directly up to the summit and gentle path down the road, allowing visitors to fully enjoy the scenery. Climbing up the road was practically climbing up the mountains. No, even worse there was no clear path, forcing ourselves to build our own paths. Naturally, everyone walked with silence. Thankfully, the scene we met when we arrives at the top was worth it. We were able to find mountains, forests and rivers in the open view. I felt rewarded for coming up with all the trouble. If there were only one flaw, we were with some insects that could not leave the landscape quietly. Without moving our hands and body, we were not even

The view from the top of the mountain in the national park; there were dense forest of trees with river in its center.

다른 날들에 비해서 늦게 잠자리에 들었지만, 공기 좋은 곳에서 맞이하는 아침이라 그런지 상쾌하게 일어날 수 있었다. 아침 식사 후 숙소 앞에서 마지막 단체 사진을 남긴 우리는 불안과 기대를 마음에 품고 숲 트래킹을 위해 떠났다.

코스를 따라갔는데, 올라갈 때는 가파를 경사로 한 번에 정상까지 올라가고 내려올 때는 완만한 길을 따라서 경치를 즐기며 내려올 수 있는 코스라고 했다. 사실 올라가는 길은 등산이나 다름없었다. 아니, 등산이라고도 할 수 없게 길이 없는 곳에 억지로 우리 만의 길을 만들어가면서 올라가야만 했다. 자연스레 모두가 침묵을 지키면서 올랐다. 그래도 정상에 도착하자 광경은 멋있었다. 탁 트인 풍경에 숲도 보이고, 산과 강도 있었다. 힘들여서 올라온 보람을 느낄 수 있었다. 다만 흠이 하나 있다면 경치를 가만히 즐기도록 놔두지 못하는 벌레들이 함께였다는 점이었다. 손과 몸을 움직이지 않고서는 계속해서 달라붙는 벌레 떼에 단체 사진 하나 제대로 찍을 수

트래킹의 정상 지점에 올라 내려다 보았던 국립공원의 모습. 강을 중심으로 빽빽한 숲과 산을 볼 수 있었다.

able to take one proper photo of ourselves.

The way down the road was unquestionably comfortable. While enjoying the flowers and trees along the road, it was no other than the river that caught our gaze. Even though the dense trees covered the sunlight from directly reaching, the weather was muggy and we were only the students just of age to enjoy dabbling in water. Before long, the shoes were neatly placed to the one side and everyone was playing with their feet in the water. Even though it was middle of summer, the water was cold enough to make the whole body freezing cold. While enjoying even the coldness, we were astonished to see a car passing through the river like a scene of a movie and once again amazed by the following herd of cows. The cows seemed to have woke up and felt thirsty that they came to drink water together. After taking photos with the cows, we put on our shoes back and finished the rest of the trail. I was able to meet the

Movie like scene we encountered at the river; 강에서 놀고 있다가 마주한 한 편의 영화 같은 모
the car made its way through the water. 습. 물길을 헤치고 차가 지나갔다.

없는 정도였다.

내려가는 길은 확실히 편했다. 꽃과 나무들을 천천히 즐기면서 내려가던 중 우리의 시선을 붙잡은 것은 다름 아닌 강가였다. 햇빛을 가려주는 나무들이 울창했음에도 무더운 날씨였고, 우리는 아직 물놀이를 즐길 나이인 학생들일 뿐이었으니 말이다. 어느새 신발은 한 쪽에 가지런히 벗어두고 모두가 물에 발을 담그고 놀고 있었다. 한 여름임에도 온 몸이 시려올 만큼 차가운 물이었다. 그 추위마저 즐기고 있었을까, 마치 영화의 한 장면처럼 차가 강을 헤치고 지나가는 모습에 감탄하던 우리는 뒤이어 보이는 소 떼에 다시 한 번 놀라지 않을 수 없었다. 소들도 아침에 일어나서 목이 말랐던 것인지 단체로 물을 마시러 온 것 같았다. 소들과도 인증 사진까지 남긴 우리는 다시 신발을 신고 남은 트래킹을 마쳤다. 상상해왔던 몽골을 마주할 수 있었던, 심심했던 눈을 충족시킬 수 있었던 시간이었다.

우리의 공식적인 마지막 일정인 테를지 포럼 참석만을 남겨두고 생긴

A herd of cattle we also met in the river.　　　강가에서 만난 또 다른 친구인 소 떼.

green Mongolia that I have imagined and fulfilled the bored eyes.

Only leaving the last official schedule of attending the Terelj forum afterward, we decided to spend our free time by touring the downtown of Ulaanbaatar which we have postponed the day earlier. Even though, we have seen the whole city up at the observation deck, we actually never observed closely walking down the street.

Obviously, the first destination was the Genghis Khan square, the center of the capital. This square was originally called Sükhbaatar Square, created to honor Sükhbaatar as its name. Sükhbaatar is a politician and revolutionist who led the Mongolia's Independence war from the Qing dynasty, also known as socialist revolution. Maybe so we were able to find the statue of Sükhbaatar in the center of the plaza, which was actually the location where he declared revolution of the July 1st after the Mongol forces won the Qing dynasty in 1921.

The picture of Genghis Khan square; the statue with man on the horse is the statue of Sükhbaatar and Genghis Khan Statue is located far in the middle of the building.

칭기즈칸 광장의 모습. 바로 앞에 보이는 말을 타고 있는 동상이 수흐바타르 동상이고 멀리 건물 중앙에 보이는 것이 칭기즈칸 동상이다.

여유 시간을 우리는 어제 미뤄 놓았던 일정인 울란바토르 시내 구경으로 보내기로 했다. 자이승 전망대에 올라서 울란바토르의 모습을 눈에 담았었지만, 길 위를 거닐면서 구경한 적은 없으니 말이다.

당연하게도 가장 먼저 향한 곳은 수도의 중심인 칭기즈칸 광장이었다. 이 광장은 본래 수흐바타르를 기념하기 위해서 만들어진 수하바타르 광장이었다고 한다. 수하바타르는 몽골의 정치가이자 혁명가로 청나라로부터 사회주의 혁명이라고도 불리는 몽골의 독립 전쟁을 이끈 주인공이다. 그래서인지 광장 중앙에서 수하바타르의 동상을 발견할 수 있었는데, 그 위치가 실제로 1921년 몽골 군이 청나라에게 승리하고 돌아와 그 해 7월 1일에 혁명을 선포할 당시 서있던 곳이라고 한다. 그 동상 밑에는 금 1865kg과 당시 장군의 부인이 사용했던 손수건 등을 함께 매장해 놓았다고 한다.

동상의 가까이에서는 둥근 원모양의 표식을 찾을 수 있었는데, 몽골의 거리를 재는 기준 점이라고 한다. 즉, 울란바토르에서부터 다른 지역까지

The statue of Genghis Khan; it solemnly remains in the middle of government building.

칭기즈칸 동상의 모습. 정부 청사 건물의 중앙에 근엄하게 자리 잡고 있다.

Under the statue, the gold of 1865kg and the handkerchief used by his wife is said to be buried.

Near the statue were the round circles of flurries, which serve as the reference point when measuring distance from Mongolia. This means that it is a benchmark when measuring the distance from the Ulaanbaatar to other areas. Besides, this square was surrounded by buildings of government and each political party, city hall, central post office, central police station, opera house, cultural palace, and etc. This was certainly a place where main institutions of society, both politically and culturally, is concentrated which reminds of Korean's Gwanghwamun Square.

In the middle of the government building, the statue of Genghis Khan holds position. As Genghis Khan became taboo and Sükhbaatar was considered a hero during the socialist era, this statue was founded after Mongolia transformed form socialism to democracy.

The name of this plaza is also said to have been changed with the social atmosphere of yearning the glory and revival during the Genghis Khan's reign after democracy has settled. During this process the resistance of the younger generation was inevitable as Sükhbaatar is indeed the true hero of modern and present age. Despite the controversy, the name was eventually traced to Genghis Khan Square.

After looking around the plaza and buying souvenirs for family and friends in Korea, we headed to where the Terelj forum was taking place in just few hours. Waiting for the forum to state, we were able to meet many Koreans for the first time since we arrives Mongolia.

Most of the participants were adults, but still we were lucky enough to meet one bright and cheerful middle school girl of same

의 거리를 측정할 때에 기준이 되는 위치라는 말이다. 뿐만 아니라 이 광장 주변으로는 정부 청사 및 각 정당의 청사, 시청, 중앙 우체국, 경찰서, 오페라 하우스, 문화 궁전 등 정치, 사회뿐만 아니라 문화 예술의 주요 기관까지 밀집되어 있어 한국의 광화문을 연상시키는 장소였다.

정부 중앙 청사 건물의 중앙에는 칭기즈칸 동상이 자리를 잡고 있다. 사회주의 시대에는 칭기즈칸이 금기시되고 수흐바타르가 영웅화가 된 탓에 칭기즈칸 동상은 몽골이 사회주의에서 민주주의 체제로 전환된 이후에 세워진 것이라고 한다. 이 광장의 명칭도 민주주의의 수립 이후에 칭기즈칸의 시대의 부흥과 영광을 그리워하는 사회 분위기 가운데 병견된 것이라고 한다. 물론 그 과정에서는 젊은 세대의 반발도 당연히 있었다. 수하바타르야 말로 근현대의 젊은 세대의 영웅이니 말이다. 이런 논란에도 불구하고 결국에는 칭기즈칸 광장으로 그 이름이 정리되었다고 한다.

광장을 둘러보고 한국의 가족들과 친구들 생각에 주변 가게들에서 기념품을 사고서 우리는 테를지 포럼이 열리는 장소로 향했다. 행사가 시작하기 전 밖에서 대기하며 우리는 몽골 도착 후 처음으로 많은 한국인들을 만날 수 있었다.

참석하는 대부분이 어른들이었지만, 밝고 쾌활한 동갑의 중학생 친구도 한 명 만날 수 있었다. 이 친구는 러시아, 중국, 몽골을 이어주는 열차를 타고 여기까지 여행 온 것이라고 했다. 밝은 성격 탓인지 어른들 사이에서 혼자 청소년이었음에도 불구하고 함께 열차를 타고 오면서 어느새 대부분의 어른들과 친해진 모습이었다. 오랜만에 만나는 또래 친구가 반가운 듯 우리에게도 선뜻 먼저 말을 걸어왔다. 그림 그리는 것을 즐겨 한다는 이 친구는 열차 이동 중 그린 그림들을 우리에게 소개해주면서 꽤 빨리 친해질 수 있었다. 이 친구가 그랬던 만큼 낯선 땅에서 만난 또래의 한국 친구가 우리 역시 반가웠으니 말이다.

테를지 연차 포럼이 시작할 시간이 되어서야 우리는 새로 사귄 친구와 함께 들어가서 자리에 착석했다. 이번 2015년 테를지 연차 포럼에서는 평

age. She was traveling by a train that connects Russia, China and Mongolia. Probably due to her bright personality, she was already close to most adults accompanying the train ride. Seem to be glad about a peer to meet in a while, she willingly greeted us first. We were able to become friends quickly by looking at some of her drawings she have been doing as a habit. No need to mention that we were also glad to meet Korean friend in this strange land.

With the announcement of the beginning of Terelj annual forum,, we sat down with our newly dated friend. This 2015 annual forum discussed about peace, economic cooperation and environment. The special feature of this year's forum was that the Mongolian university students joined to show their voices and ponder the problem together. This place was an opportunity to learn that the desertification of Mongolia is not only a problem of Mongolia, but of Asia and of the entire world

'Terrasia project' was the main theme of the discussion. Among the top 10 regions of the world's largest climate change zones, the top seven is all part of Asia. The ratio of the land where desertification has progressed to the total land is even higher in Asia compared to Africa. During the two years, from 2009 to 2011, the number of environmental refugees increased from 19 million to 47 million worldwide with Asia contributing the majority.

The contributor to the climate change was not only the countries suffering from the damage, but also the neighboring industrialized countries such as Korea, China, Japan, Taiwan, and Russia. These countries clearly have duty to compensate for the harm and suffering countries like Mongolia, Kazakhstan and Uz-

화, 경제협력, 그리고 환경에 대해 논의하는 자리였다. 이번 포럼의 특이한 점이라고는 몽골의 대학생들도 함께 참여해 그들의 생각도 들어보고 함께 문제를 고민해 보았다는 점이었다. 이번 포럼은 몽골의 사막화 문제가 몽골만의 문제가 아닌 아시아 전체의, 그리고 더 나아가 전세계의 문제임을 깨닫게 되는 배움의 기회였다.

포럼에서는 테러시아 프로젝트에 관해 주로 이야기를 나눴다. 전 세계 10대 기후 변화 피해 지역 중 1등에서 7등까지가 아시아 지역이라고 한다. 전체 면적 대비 사막화 정도 역시 아시아가 아프라카 보다 높은 수치이다. 전세계적으로 환경 난민 숫자는 2009년에서 2011년, 불과 2년 만에 1900만명에서 4700만명으로 늘어났는데, 이 중 대다수가 아시아에서 발생했다고 한다.

기후 변화의 원인을 제공한 것은 비단 피해를 받고 있는 나라들뿐 만 아니라 주변에 있는 산업화 국가들인 한국, 중국, 일본, 대만, 러시아 등에도 분명히 책임이 있으며, 동시에 몽골, 카자흐스탄, 우즈베키스탄 등은 피해 지역은 보상 받을 권리가 있다. 이렇게 아시아 전 대륙 차원에서의 노력이 필요하다는 점에서 착안된 것이 테라시아 프로젝트이다. 테라시아는 'Terra'(땅)과 'Asia'가 합쳐진 말로 아시아의 땅을 살리자는 의미이다. 이는 지난 2005년부터 유럽과 아프리카 국가들 사이에서 진행된 아프리카의 땅을 살리자는 테라프리카(Terrafrica) 운동에서 따온 이름이라고 할 수 있다.

테라프리카 프로젝트에서 그랬듯이 문제 해결을 위한 최선의 정책을 공유하는 작업이 테라시아 프로젝트에서도 결정적이라고 한다. 단순히 경제적인 지원의 문제가 아니라, 문제 해결을 위한 아이디어와 정책 그리고 정보를 공유하는 것이 중요하다는 말이다. 이를 기반으로 아시아 국가들의 협력이 이루어져야지 만이 실질적인 해결 방안이 나올 수 있기 때문이라고 한다.

포럼 내내 어려운 용어들이 오고 가고, 전문적인 정책들에 관한 논의가 진행되었기에 완전하게 이해하기는 어려웠다. 하지만 환경에 대해서 고민

bekistan hold right to be compensated. It is the Terrasia project that was based on this idea that efforts from all areas of Asia are required. The name Terrasia is the combination of 'Terra' and 'Asia', which means to save the land of Asia. This is a name derived from the 'Terrafrica movement', which was led by Europe and African nations to recover the land of Africa since 2005.

The task of sharing the best method for solving the problem, as it was to the Terrafrica project, is also crucial to the Terrasia project. It is not simply a matter of economic support, but it is important to share ideas, policies and information to improve the situation. It is said that the cooperation of the Asian countries based of this sharing is the only way to reach practical solutions.

As difficult jargon was tossed and specialized policies were discussed throughout the forum, it was closer to impossible to fully understand the context. Still, among those who care and worry about the environment, this was a great experience and opportunity for us to consider the environmental damage and climate refugees in a serious light. This was also the day when the hope to meet a better Mongolia through the efforts of everyone gathered here and even the ones who did not deeply ingrained in my mind.

하는 사람들 사이에서 우리도 함께 환경 피해와 기후 난민에 대해서 진지하게 생각해보게 된 계기이자 좋은 경험이었다. 이 자리에 모인 모두, 그리고 모이지 않았더라도 마음만은 같은 모두의 땀과 노력이 모여서 조금 더 나은 몽골의 모습을 볼 수 있었으면 하는 바람이 마음 속에 깊이 자리 잡은 날이었다.

chapter5

바이르테,
몽골

баяртай, Mongolia

With the end of the forum, we went again to Genghis Khan Airport where we first came few days ago. There were so many more things that we wanted to learn and experience in Mongolia, but we had a time of flight to keep. We boarded on airplane at the midnight and came back to Korea. Barely awake, we arrived at Incheon International Airport and walked out of airplane rubbing sleepy eyes. Still in the state of slumber, we gave each other goodbye and headed to individual's home. Like that we were quietly absorbed back to daily life when people were still asleep.

It was five days of deviation from daily routine. If we could summarize 5 days trip in 1 word, it would be 'regret.' It was a time to get close with Mongolia, nature, and friends, but reflecting those days, we regretted that we weren't be able to be closer and share, learn and more. We promised that if we have a similar experience next day, we will share, gift and receive to each other much more.

The volunteer in Mongolia was ended, but luckily, the interest and activities about Mongolia's environment problems were just at its start. To experience other environmental problems, including desertification, we visited Myanmar at winter. Furthermore thanks to the 'Dream School' program under Gyeong-gi ministry of Education, it was able to explore deeper with friends who are interested in Mongolia's desertification problem.

At the moment of departure from Mongolian airport, it was the end with the Mongolia's land. However, we still did not leave Mongolia itself. Rather, the more attention we pay, more parts that requires attention catch our eyes and thus boosts our desire to make a better Mongolia with more people. It was impossible for us to move away from Mongolia.

However, with this book, we are planning to say a short farewell to Mongolia. Escaping from the very small frame called 'environmental issues of

포럼까지 마치고 며칠 전 처음 밟은 몽골의 땅이었던 칭기즈칸 공항으로 돌아갔다. 아직 몽골에서 경험하고 싶은 부분들이 너무 많았지만 맞춰야 하는 비행기 시간이 있었기 때문에 어쩔 수 없이 떠나야 했다. 그렇게 한 밤 중의 비행기를 타고 한국 땅으로 다시 돌아왔다. 졸린 눈을 비비며 인천에 도착했고, 잠에서 깨지도 못한 채로 인사를 나누고 헤어져 각자의 집으로 향했다. 대부분이 잠들어 있는 새벽, 그렇게 조용하게 우리는 다시 일상으로 스며들었다.

일탈 같았던 4박 5일이었다. 5일 간의 몽골의 방문을 한 단어로 요약하면 아쉬움이다. 몽골과, 환경과 그리고 친구들과 친해질 수 있었던 시간이었지만 되돌아보면 조금 더 많이 친해지지 못했던 것이, 조금 더 많이 나누지 못했던 것이, 조금 더 많이 배우지 못했던 것이 너무 아쉬웠다. 다음에 비슷한 경험을 하게 된다면 더 많이 선물하고 선물 받고 오기를 다짐하게 되었다.

다행이게도 그 아쉬움을 채워 주기라도 하듯 몽골에서의 짧은 봉사활동은 끝이었지만, 몽골의 환경 문제에 대한 관심과 활동들은 이제 막 시작하고 있었다. 사막화를 비롯한 환경 문제들을 경험하기 위해서 겨울에는 미얀마를 방문했고, 경기도 교육청의 꿈의 학교라는 프로그램을 통해서 몽골의 사막화에 관심이 많은 친구들과 모여 함께 이에 대해 본격적으로 탐구를 하기 시작했다.

칭기즈칸 공항에서 비행기가 이륙하는 그 순간 몽골 땅과는 헤어졌지만 사실 아직까지도 몽골과의 작별은 하지 못한 상태이다. 오히려 관심을 가질수록 관심이 필요한 부분들이 많이 보이고 더 많은 사람들과 함께 더 나은 몽골을 만들어 가고 싶다는 욕심 때문에 말이다.

그래도 이 책을 끝으로 몽골과는 잠시 안녕을 해볼까 한다. 몽골의 환경 문제라는 매우 작은 틀을 벗어나서 더 넓은 관점에서 환경 문제를 바라보고 싶다는 생각이 들었기 때문이다. 아직 몽골에 관한 지식도 미흡하고, 몽골의 환경 문제가 개선되기 까지는 더 많은 시간과 노력이 필요할 것임은

Mongolia'; we would not like to view the issues in the broader perspective. Even though it is obvious that our knowledge about Mongolia is insufficient and further effort and time will be required for environmental problems to be improved, we wish to listen to environmental stories of various countries in this wide world. Though being sure that Mongolia will remain, taking up parts of our minds even with such farewell.

명백함에도 조금 더 넓은 세상에서 다양한 나라의 환경 이야기를 들어보고 싶다는 생각을 따라볼까 한다. 물론 작별을 한 뒤에도 몽골은 언제나 마음 한구석을 차지하고 있을 테지만 말이다.

Ending remarks

Under the major topic 'desertification', I researched about the desertification of other countries, how they overcome it, and the possibility of applying those methods in Mongolia. Currently, desertification is one of the most serious environmental issues around the world. China, Mongolian and several countries of Africa are all suffering from desertification, and among them I focused on two countries: China and Spain.

While exploring what countries are facing the danger of desertification for the first time, I was most astonished by the fact that Spain was one of them. Although China, Mongolia, and Africa are frequently referred whenever desertification comes out as the topic, Spain does not. Exploring further, it reminded me that environmental problem of desertification can occur in any place in the world, regardless of developed or developing countries. Therefore, Korea also needs to prepare facing desertification, the global issue.

What seemed to be interesting was the difference between Spain and China upon how they are striving to combat desertification. Not only the methods were different, but the main agent handling the issue was different. Whereas citizens and the national government were in charge of projects in case of Spain, projects were China was more often done along with other countries, including Korea. Pending about the reason of this difference, I figured out that neighboring countries are comparable not influenced by desertification in Spain. However, due to the vast size of China, neighboring countries, especially Korea, are suffering from secondary damages of desertification.

In conclusion, the world is currently facing a huge problem, desertification. Some are already severely suffering; others are relatively safe, but still not

❧❧❧ 책을 마무리하며 ❧❧❧

이번에 '사막화'라는 큰 주제 중에서도 타 나라의 사막화 상황과 그에 대한 극복 방법, 그리고 몽골에서의 적용 가능성에 대하여 조사하였다. 현재 사막화는 전 세계적으로 심각하게 언급되고 있는 환경 문제 중 하나이다. 중국, 몽골, 아프리카 등 다양한 나라, 세계 곳곳에 진행되고 있는데, 나는 그 중에서 중국과 스페인, 두 국가를 선정하여 조사를 진행하였다.

처음 어떤 국가들이 사막화의 위험을 직면하고 있는지에 대해 조사를 하였을 때, 스페인이 사막화가 진행되고 있는 국가라는 점에서 가장 놀랐다. 중국과 몽골, 아프리카의 경우는 사막화와 관련된 이야기가 나올 때마다 자주 언급되는 국가들이기에 알고 있었지만, 스페인은 그렇지 않았다. 더 나아가 조사를 진행할수록 사막화라는 환경 문제는 선진국이나 후진국을 가리지 않고 어디든지 일어날 수 있다는 것을 다시 한 번 깨닫게 되었다. 그렇기에 전 세계의 문제로 수중에 떠오른 사막화를 우리나라에서도 그에 맞추어서 준비를 하고 대책을 세울 필요가 있겠다는 생각이 들었다.

또한 특이하다고 느껴졌던 것은 스페인과 중국, 두 국가가 사막화에 대해 진행하고 있는 극복 방법의 차이점이었다. 방법 간의 차이보다도 사막화를 극복하기 위해 진행하고 있는 방법의 주체가 달랐다. 스페인은 국가의 시민들과 정부가 주체가 되어 진행하는 프로젝트가 많은 반면, 중국은 우리나라를 비롯한 다른 나라들과 함께 진행하는 프로젝트가 많았다. 그 이유가 무엇일지에 대해 생각을 해본 결과, 스페인의 경우 주변 국가들이 상대적으로 스페인의 사막화로 인해 피해를 보고 있지 않다. 하지만 중국의 경우 워낙 큰 스케일의 사막화이기 때문에 특히 우리나라를 비롯한 타 국가들이 덩달아 피해를 보고 있어서 그러한 차이점이 생긴 것이라고 판단하였다.

결론적으로 현재 세계는 사막화라는 큰 문제를 앞에 두고 있다고 할 수

completely safe from the shadow of desertification. Even with the growing number of NGOs worldwide and cooperation of nations, it is difficult to guarantee that preventing and combating desertification will be possible. Nevertheless, one obvious fact is that if there is enough preparation, crisis will not come right away, even when facing a huge trouble. At least reducing the pace of progress will be possible. Thus, I want to emphasize the necessity of thorough preparation, and making small changes that will eventually create a big change.

Also, I had a new experience of publishing a book this time. When I was young, and actually until right before I participated in this project, publish a book always has been a dream of mine, a bucket list that must be done during lifetime. I was impressed by the idea that I can express my thoughts with words, and it also seemed to be something that I am good at. However, actually doing this was far from my expectations.

The process of writing a book was fraught with difficulties, unlike I expected. Finding the right word to express my thoughts correctly; inserting a suitable image between words; and consequently translating the whole contents. None of this was easy. For days, I indefinitely postponed continuing this duty due to the stuffy mind. Nonetheless, it was my work to do, and nobody would and could do it for me.

As this work met its end after few months, I was proud of myself, but at the same time felt something lacking. As people say everything ends with lingering inconvenience, and regret always follows, it was not an exception for me. Still, as it was no more than my first step, I shifted my thought to 'what should I put more effort on when I have another chance' from irreversible regrets.

It was another challenge. I have never imagined I will have opportunity of writing a book this young in my life. It was a short time, there were lots of

있다. 이미 일부 국가들은 심각하게 맞이하고 있으며, 그렇지 않은 국가들도 있지만 마냥 사막화의 그늘로부터 안전하다고는 보기가 어렵다. 전 세계적으로 더 많은 NGO가 생겨나고 나라 간의 협력을 통하여 다 같이 그에 대한 준비를 해 나간다고 하여 당장 사막화를 막을 수 있다고 말하기는 어렵다. 하지만 분명한 것은 충분한 준비가 있다면 크나큰 문제와 마주하였을 때도 진행 속도가 줄여 나가고, 곧바로 위기를 맞게 되지는 않게 될 것이라는 것이다. 사막화가 오지 않게는 못하더라도 철저한 준비를 통하여 그에 대한 방어책은 마련해 놓는 것과 당장의 큰 변화가 아니더라도 우리들의 작은 변화부터 시작하여 그에 대한 준비를 하는 것이 필요하다고 말하고 싶은 바이다.

또한 이번에 책 편찬이라는 새로운 경험을 하게 되었다. 어릴 때만 하여도, 솔직히 이 프로젝트에 참가하기 전만 하여도 책 편찬은 나에게 언제나 로망이었으며 죽기 전에는 꼭 이루어야 할 버킷리스트 같은 존재였다. 나의 생각과 마음을 글로 표현할 수 있다는 것이 멋져보였고, 내가 잘할 수 있는 일이라고 생각했다. 하지만 실제로 프로젝트에 참가해보니 실상은 달랐다.

나의 예상과 달리 책을 쓰는 과정은 어려움으로 가득했다. 생각을 정확하게 말로 표현하기 위한 적합한 단어를 찾는 것은 물론, 글 사이에 알맞은 이미지를 삽입하는 것부터 그 후에 번역하는 과정까지. 그 어느 것 하나 쉽지 않았다. 어느 날에는 답답한 마음에 해야 할 것을 앎에도 불구하고 하지 않고 무작정 미루기도 하였다. 하지만 그래봤자 나의 역할임을 알고 있었고, 그 누구도 대신 해주지 못할 일이었다.

그렇게 여러 달에 걸쳐 나의 역할이 끝난 순간, 뿌듯하기도 했지만 한편으로는 아쉬움도 가득했다. 모든 일에는 아쉬움이 남는다고, 끝나고 나면 후회한다고들 하듯이 나 역시 그러하였다. 하지만, 처음으로 해본 도전이었던 만큼 아쉬움을 훌훌 털어버리고 다음에 또 다시 도전하게 된다면 '어떤 점에서 더 노력해야하고 보충을 해야 할까?'에 대한 생각을 중심적

incompletes, but I was definitely a meaningful experience. I am also confident that this experience of participating will be a great help to future me. With so much of our effort combined in this writing, I will now end hoping that readers will realize our efforts.

_Park Chanjin

으로 해보기로 했다.

또 다른 도전이었다. 나의 인생에 이렇게 이른 시기에 책을 쓰는 것에 참여하는 기회가 찾아올 것이라고도 예상하지 못했다. 짧은 시간이었고 부족한 점이 많았지만 의미 있는 경험이라고 말하고 싶다. 또한 이번의 참여가 미래의 나에게도 큰 도움이 될 것이라고 믿어 의심치 않는다. 우리의 수많은 노력이 들어간 만큼, 독자 분들이 그 노력을 알아주시고 많은 분들이 읽어주시기를 바라는 마음으로 이 글을 마친다.

_박찬진

It was my first time participating in the process of publishing a book. From time to time, I thought of having a decent job as a magazine editor, but the editing process was more elaborate and complex unlike its seemingly gorgeous appearance. I felt thrilled to realize that every process until the completion of the book passed through my hands and at the same time profound that I am actually doing something. Moreover, I was also under so much pressure with the overwhelming responsibility to complete this editing process, the last step before actual publication, well.

At first, I participate as a member of Farm Innovation through 'Dream School' program under Gyeong-gi ministry of education. I explored environmental problems of Mongolia, visited museum related to Mongolia, listened to some lectures from the professionals, and etc. After all this activities, as the representative of other members of Farm Innovation, I got the chance to participate in the publishing process of our activities and about environmental problems of Mongolia. As it was by chance that I participated, I had hard time getting used to unfamiliar terminologies and went through various kinds of trials and errors. Still, as it was alone, but with Chanjin, Eunseo, and Seewon, I was able to do the work in more relaxing and enjoyable atmosphere. Four of us together incredibly increased the efficiency; we quickly decided the titles, divided the parts and completed individual's responsibilities.

We explored three major problems of Mongolia: desertification, air pollution and urban poverty. Among them, I took charge of the urban poverty. People often think of only desertification when asked about Mongolia; however, there are also other problems closely related to desertification are all too important to be neglected. Urban poverty is the typical example. Urban pover-

태어나서 처음으로 책을 출판하는 과정에 참여하였다. 어렸을 때부터 잡지 편집장과 같이 멋있는 직업을 가지고 싶다는 생각을 많이 했었는데 편집과정은 겉으로 보이는 멋있고 화려한 모습과는 달리 정교하고 복잡했다. 원고를 준비하면서 하나부터 열까지 모두 내 손을 거쳐서 책이 완성된다고 생각하니 짜릿하고 내가 뭔가를 제대로 하고 있구나 라는 생각이 들어 기분이 미묘했던 것 같다. 그리고 출판을 위한 여러 준비 작업들을 하고 있자니 잘 완성시켜야 한다는 엄청난 책임감에 부담도 되었다.

처음에는 '경기 꿈의 학교'에 선정되어 팜이노베이션이라는 이름을 가지고 몽골의 문제점들을 조사를 하고 몽골 관련 박물관을 가는 등의 활동을 시작으로 계속 강의도 듣고 여러 가지 활동들을 하다 보니 우리가 지금까지 해왔던 모든 것들을 바탕으로 한 책을 출판하게 되었다. 그러다 우연히 다른 아이들을 대표하여 책을 출판하는 과정에 합류하게 되었다. 정말 우연히 참여하게 된 활동이라 처음에는 여러 가지 시행착오도 겪고 책을 출판하는 것에 있어서 있는 과정이나 용어들을 잘 몰라서 헤매기도 했다. 하지만 나 혼자서 하는 것이 아니라 나 외에 찬진이, 은서, 시원이도 함께 하는 거라 한결 편안하고 재미있게 편집할 수 있었던 것 같다. 나 혼자가 아니라 네 명이 함께 했기에 책의 제목과 각 장별 제목도 빠르게 지을 수 있었고 파트를 분배하여 각각의 편집하는 양이 훨씬 줄어들어 수월하게 진행되었다.

우리는 몽골의 문제점을 크게 3가지로 나누어 조사했는데, 나는 그 중 '도시빈민'이라는 문제점과 관련된 조사를 하였다. 몽골의 문제점하면 사람들은 흔히 사막화를 떠올린다. 하지만 사막화와 밀접하게 관련되어 몽골에서는 여러 가지 문제들이 발생하고 있다. 그 대표적인 예시가 내가 조사한 도시빈민이다. 도시빈민은 도시가 성장하는 과정에서 자연스럽게 일어나는 문제이다. 하지만 몽골에서는 사막화로 인해 나무들이 점점 사라지고

ty is an inevitable problem that occurs during the process of urban growth. In case of Mongolia, the problem gets way more serious as the nomads become unemployed, due to the lack of trees caused by desertification, and inflow to the city. So, we researched about various solutions to solve this problem and the causes of the vicious cycle worsening the situation. I began to see the social and economic problems one by one, which were even more complex and tangled than I thought. We also searched what Korea, situating nearby, is doing to contribute to solving urban poverty of Mongolia. Even though it is yet weak, there were movements in Korea contemplating about the problems of Mongolia and actively taking actions. For example, there was an organization which provides education to children of Mongolia. This is because getting a decent job that provides stable income is a one way to break out from the vicious cycle and proper education is required to do so. I was surprised to learn about the various activities of such groups, and also hoped that interest toward Mongolia will grow in the future.

Undergoing the various process of revising the writing, I felt very lucky to have this experience. This obviously wasn't something that is not common to experience, even as a proper adult, but I was thankfully doing this with my high school friends. Participating in this project, I got to know the details about the process of editing and revising until the publication. My heart pounds to have a book with my name written as an author. I would like to express gratitude to everyone who helped this process and to my three friends who shared this valuable experience with me.

_Shin Jia

이러한 과정에서 실업자가 되는 유목민들이 도시로 유입되면서 도시빈민의 문제가 한층 더 심각해진다고 한다. 그래서 우리는 이러한 문제를 해결하기 위해 여러 가지 해결방안도 알아보고 왜 이러한 문제가 나타나고 계속되는 악순환의 원인에 대해 조사하였다. 내가 생각했던 것보다 복잡하게 얽히고 설킨 몽골 내의 사회, 경제적 문제점들이 하나 둘씩 보이기 시작했다. 그리고 우리는 몽골과 가깝게 위치한 우리나라가 몽골의 문제점들을 해결하기 위해 어떤 노력들을 하고 있는지에 대해 찾아보았다. 아직은 미약하지만 우리나라는 몽골 내의 문제점들에 대해 생각해보고 적극적으로 실천에 옮기는 행위를 몇몇 하고 있었다. 예를 들어서, 악순환을 반복하지 않기 위해서는 제대로 된 일자리를 구해 돈을 버는 것도 하나의 해결 방법이라고 볼 수 있다. 하지만 일자리를 구하기 위해서는 어느 정도의 교육이 필요하다. 이를 위해서 몽골의 아이들에게 교육을 제공해주는 단체도 있었다. 이런 저런 단체들의 다양한 활동들을 보고 정말 대단하다고 생각했고 지금보다 몽골의 대한 관심이 커졌으면 좋겠다고 느꼈다.

책의 원고를 수정하고 덧붙이고 여러 가지 작업들을 하면서 나는 정말 운이 좋구나 라는 생각을 했다. 나중에 대학생이 되거나 더 먼 훗날 내가 과연 책을 출판할 수 있는 기회가 있을까라는 생각을 하면 정말 아무도 쉽게 경험하지 못할 것들을 나는 고등학교 친구들과 함께 하고 있다는 것에 감사하다고 느꼈다. 이 작업에 참여하면서 내가 몰랐던 책 편집의 과정과 원고 수정의 과정을 예전보다 자세히 알게 되었고 내 이름으로 책이 출판된다고 하니 너무 두근두근 거린다. 이 책을 쓰는데 도움을 주신 분들과 나와 함께 해주었던 세 명의 친구들에게 내가 이런 값진 경험을 할 수 있게 도와주어서 감사하다는 말을 전하고 싶다.

_신지아

Frankly speaking, Mongolia was an unfamiliar country to me. Green grass-land, romping horses, wide open sky, and people with exceptional eyesight, smiling with hawks on their arms. Everything I knew about Mongolia was stuff that I have read on the textbooks or seen in some movies. Yet, what See-won showed me, on a ordinary day of last year, second semester, was not any-thing like those. Gray, smoke−covered sky of Ulan Bator and the constantly drying land which can't support any form of life. There was no such thing like "green Mongolia" that I knew.

Seewon, suggesting me to join, told me a little bit about what Farm Inno-vation did to prevent desertification in Mongolia and what they are planning to do. Mongolia, indeed, was a very interesting country; that made it certainly hard for me to forget the sight of the once−preserved, now severely devastat-ed land of the country. What I wanted was to be able to see green Mongolia again. It made me a bit concerned that it was the only motivation that drove me to join Farm Innovation, but I soon proved that the concern was absolutely unnecessary, for I quickly started to really be into the activities.

The start was not grandiose. We spent few hours on bus to Mongolia Cul-tural Center, looked every nook and corner to get familiar with Mongolia, and set up plans for research about the three main issues we selected: desertifica-tion, urban poverty, and air pollution. There were no foreseen difficulties until we were dividing into groups; however, series of unexpected challenges start-ed as we started the research. As the three issues were closely interrelated, we repeated examining and revising each other's writing. Checking whether the information earned through book s and internet is accurate was one of the big challenges we faced. Luckily, thanks to the lecture by teachers of Green Asia

솔직하게 말하자면, 몽골은 나에게 낯선 나라였다. 교과서에서, 또는 영화나 책에서 본 것들이 몽골에 대해 알고 있는 것의 전부였다. 푸른 초원, 뛰노는 말과 탁 트인 하늘, 팔뚝에 매를 올리고 환하게 웃는, 시력이 좋기로 유명한 사람들. 하지만 1학년 2학기의 어느 날, 시원이가 나에게 내민 몽골은 그것과 정반대였다. 수도 울란바토르의 하늘을 뿌옇게 뒤덮은 매연과 사람도 가축도 살 수 없을 만큼 메말라가는 땅. 내가 알고 있던 "푸른 몽골"은 없었다.

시원이는 나에게 팜이노베이션 활동을 함께할 것을 권유하며 그간 팜이노베이션이 몽골의 사막화를 막기 위해 한 일과 앞으로 할 일에 대한 이야기를 들려주었다. 알아갈수록 몽골은 흥미로운 나라였고, 그래서 사막화로 손쓸 수 없을 만큼 망가진 땅의 모습이 더 눈에 밟혔다. 푸른 몽골을 다시 보고 싶었다. 그 마음 하나로 시작한 활동이 조금은 걱정도 되었지만, 그런 걱정이 무색할 만큼 금세 빠져들었다.

시작은 대단할 것 없었다. 다 같이 버스를 타고 몇 시간을 달려 도착한 몽골문화촌을 구석구석 돌아보며 몽골에 대해 알아가고, 몽골이 가진 가장 커다란 문제들을 추려내어 연구 계획을 세웠다. 사막화, 도시 빈민, 대기 오염. 팀을 나눌 땐 어려울 것 없어 보였는데, 막상 연구를 시작하고 보니 예상치 못한 난관의 연속이었다. 세 가지는 서로 긴밀하고 복잡하게 연결되어 있는 문제들이어서, 각자 연구한 내용을 서로 바꿔서 검토하며 보고서를 작성하고 수정하기를 반복했다. 책이나 인터넷을 통해 조사한 자료가 정확한지 확인하는 것 역시 우리가 맞부딪힌 커다란 문제 중 하나였는데, 다행히 이런 부분은 푸른아시아 선생님들의 초청 강의를 통해 보완할수 있었다. 몇 차례의 수정 작업을 거치며 보고서를 완성했지만, 우리는 뿌듯해하는 것에서 그치지 않았다.

우리가 밤낮으로 머리를 맞대고 만들어낸 이 보고서가 과연 몇 명에게

Network, this challenge could be overcome. Even though we completed the writing through several revisions and were proud of ourselves, we did not stop at that point.

How many people would our report be able to reach? Is there any chance of our works conveying the same feelings and thoughts we had on the environmental issues of Mongolia to more people? Departing from these questions, we soon were able to reach this one answer. What if we made a story out of the stiff figures and words in our report?

Writing a book was even more time-consuming work than writing an academic report. If writing a report was more about listing facts in an well-organized form, writing a book was mostly composed of endless contemplation on which kind of diction will better convey what we felt and learnt. The publication meeting gave us a lot of useful advices on what kind of path the book will proceed to take. Upon these advices, we decided to mainly focus on telling the stories about what we did in Mongolia, while appropriately blending them with the hard facts we included in the report. There were countless moments we suffered from not being able to think of a suitable word and got lost in organizing the story parts and the fact parts in an undisturbed flow. Translating the finished draft into English was neither an easy process.

However, in the end, those arduous moments were what made the whole publication process meaningful to me. Indeed, everything I've done in Farm Innovation made me feel the same way. Trips and lectures, research activities, and even the time when we participated in UNCCD COP13, which took place in September and therefore wasn't able to be included in this book, gave me a common sense of accomplishment. The fact that our rather small contribution, which might never get to change anything, actually reaches out to people who we haven't met and somehow influence them to recognize things going on

나 닿을 수 있을까? 더 많은 사람들이 우리의 글을 읽고, 몽골의 환경 문제에 대해 우리가 느낀 감정을, 떠올린 생각들을 똑같이 가질 수 있는 방법은 없을까? 그런 의문에서 출발하여 한 가지 답에 도달했다. 딱딱한 숫자들과 단어로 이루어진 보고서를 누구나 술술 읽을 수 있도록 풀어낸다면?

책을 만드는 일은 연구만큼이나, 어쩌면 연구보다도 시간과 노력을 요하는 작업이었다. 연구 보고서가 알게 된 사실을 정갈하게 나열하는 정도였다면, 이번에는 단어 하나를 쓸 때도 어떻게 하면 우리가 느낀 것, 알리고자 하는 것이 글을 읽어줄 누군가에게 잘 전달될까 고민하고 또 고민했다. 출판 회의를 통해 책이 어떤 방향으로 나아갈지에 대한 좋은 조언을 많이 받을 수 있었고, 이를 바탕으로 팜이노베이션이 몽골에서 경험한 내용을 풀어내되, 연구 내용을 적절하게 섞어내는 것으로 방향을 잡았다. 생각한대로 글이 안 써지는 순간도 수없이 있었고, 체험 수기와 연구 내용이 자연스럽게 이어지도록 하는 것 역시 말처럼 간단한 일이 아니었다. 단어 하나하나에 막혀 끙끙대기 일쑤였던 영어 번역 역시 고역이었다.

그만큼 우리가 쓴 원고가 다듬어지고 정리되어 책 한권이 되어가는 일련의 과정이 벅찰 수밖에 없었다. 실은 팜이노베이션으로서 참여한 모든 활동이 그러했다. 견학과 강의도, 연구 활동도, 안타깝게도 책에는 실을 수 없었지만 우리의 활동을 전 세계 사람들에게 알리는 기회가 되었던, 지난 9월에 중국 오르도스에서 열린 유엔사막화방지협약 제13회 총회에 푸른아시아와 팜이노베이션의 이름으로 참석한 것 역시 모두, 이루 말할 수 없는 뿌듯함을 안겨주었다. 아주 사소한 관심에서 시작된, 어쩌면 변화를 일으키기엔 너무도 미미한 우리의 노력이, 주변 사람들에게, 나아가 우리가 만나지 못하는 사람들에게까지 닿고, 사소할지라도 그들에게 작은 관심의 계기가 된다는 것이 마냥 신기하고 벅차올랐다.

이 기회를 빌어 함께 고생하며 많은 것을 배우고 만들어온 팜이노베이션 부원들에게, 특히 바쁜 학교생활 중에도 수시로 모여 책을 만드는 과정을 함께해온 세 명의 친구들에게 감사를 전하고 싶다. 또, 이 모든 활동을

Mongolia, surprised me, as well as it thrilled me.

I would like to thank my fellow Farm Innovation members, especially three of them who went through the whole publication process with me, for all the impasses we overcame and accomplishments we made. Also, I would like to express my gratitude toward all the facilitators from Green Asia Network who always supported us and those who helped us throughout the publication process. The year-long process, starting from the beginning of research to the publication of this book, is now toward its very end; however, Farm Innovation's journey doesn't end here. To help even one more person to recognize the severity of this issue of desertification in Mongolia, we, as we have done until now, will never stop to think and act. Finally, I'd be more than happy if the readers, who gladly made time to listen our story, will watch how Farm Innovation proceed.

_Bong Eunseo

적극 지원해주시고, 격려와 지도를 아끼지 않으며 늘 우리와 함께해주신 푸른아시아 선생님들과 출판 작업을 도와주신 분들께도 깊은 감사를 표하고 싶다. 1년이 넘는 기간 동안 연구에서부터 책 집필까지 이어져 온 활동이 드디어 마무리를 향해가지만, 팜이노베이션의 여정은 여기서 끝이 아니다. 한 명이라도 많은 사람이 몽골의 환경 문제를 인식할 수 있도록, 팜이노베이션은 여태까지 그래왔듯 고민하고 행동할 것이다. 우리의 글을 읽어주신 분들도 팜이노베이션이 나아가는 모습을 지켜봐주셨으면 한다.

_봉은서

Reference

1. KOICA ODA Department, 2012, The first step of International Development Co-operation (pp, 83-86, 125-126), KOICA

2. KOICA, 2013, Understanding of International Development Cooperation (pp, 133-134), Hanul Academy

3. Yanjinbileg, Baljinnyam, 2013, Alternative of residential environment improvement for low-income families in ger areas: case study in Ulaanbaatar, Mongolia (pp, 72-77)

4. Citizen Information Media Center, 2008, Analysis about Current State of Mongolia Yellow Dust and Progress of Countermeasures (pp. 63)

5. National Institute of Environmental Research, 2012, Study on Measures for Yellow Dust Prevention (pp. 27, 37-39, 57-58).

6. Cho, Young-min, 2014 Appropriate Technology on Air Pollution Control : Example of Ulaanbaatar, Mongolia

7. UNEP, 2013, Desertification of Mongolia

8. Oh Gi-chul, 2017, Planting one tree brings thousand blessings. Sau

참고문헌

1. KOICA ODA 교육원, 2012, 국제 개발 협력 첫걸음 (pp, 83-86, 125-126), 한국국제협력단

2. 한국국제협력단, 2013, 국제개발협력의 이해 (pp, 133-134), 한울아카데미

3. Yanjinbileg, Baljinnyam, 2013, 게르지역의 주거환경 개선 대안: 몽골 올란바타르 시 중심으로 (pp, 72-77)

4. 시민정보미디어센터, 2008, 몽골 황사발생 현황 조사 및 대응사업 추진방안 연구 최종보고서 (pp, 63)

5. 국립환경과학원, 2012, 황사의 근원적 방지 대책 연구 (pp, 27, 37-39, 57-58).

6. 조영민, 2014, 몽골 울란바토르시의 사례로 살펴본 대기오염제어에 관한 적정기술

7. UNEP, 2013, Desertification of Mongolia

8. 오기출, 2017, 한 그루 나무를 심으면 천 개의 복이 온다, 사우

푸른 몽골을 꿈꾸며
다그닥 다그닥, 몽골을 거닐다

Dreaming of Green Mongolia
Dageudak Dageudak, Strolling through Mongolia

2018년 1월 25일 초판 1쇄 발행

저 자	최시원, 박찬진, 봉은서, 신지아	

편 집 (디자인) 백진화 (편집) 정성학
주 간 박관형
발 행 인 이창숙
발 행 도서출판 문화살림
　　　　주소 [14103] 경기도 안양시 동안구 평촌대로 132, 108 **전화** 031-388-3887
유 통 ㅁㅅㄴ(만화이야기)
　　　　주소 [13814] 경기도 과천시 뒷골1로 6, 3층 **전화** 02-3667-2654
　　　　FAX 0505-320-2033 **메일** mi-sonyeo@naver.com

I S B N 979-11-952867-2-0 03910